아이를 빛나게 하는
학교인권

"사람으로서 가치조차 존중받지 못한다면
교육이란 이름으로 무엇을 할 수 있을까?"

학교혁신, 인권의 눈으로 말하고 배우며 가르치다.

오동선 지음

아카데미프레스

서문

요즘 교육개혁의 새로운 그림으로 학교혁신과 혁신학교가 유행처럼 번지고 새로운 공교육개혁의 모델이 되면서, 그 실천적 대안으로 교육과정 재구성이나 혁신학교를 통한 새로운 교육실험이 회자되고 있다. 이것은 그동안 버즈학습, 전인교육, 열린 교육 등 관이 주도하는 위로부터의 개혁이 아닌 현장교사의 자발성과 헌신성에 기초하여 경쟁보다는 협력, 개인을 넘어서는 공동체라는 교육 가치를 실현하려는 노력이기에 매우 유의미하다 할 수 있다.

하지만 그 가치를 넘어서서 교육개혁과 학교혁신은 기본권으로서 인권이 보장되고, 교사/학생/학부모가 함께 인권이 보장되는 학교를 만들고자 하는 철학이 뒷받침될 때 더욱 완성도를 높일 수 있다. 인권은 토픽이 아니라 교육활동의 기본 토대이기 때문이다.

학교에서 벌어지는 다양한 인권침해 사례가 종종 언론을 장식하곤 한다.

한 교사가 평소 욕설을 자주 하는 학생에게 벌칙으로 양말을 입에 물게 하고 그 사진을 학급 홈페이지에 게시하는 일도 있었고, '오장풍'이라는 별칭으로 불리면서 학생을 심하게 체벌한 교사도 있었다. 또 다문화학생에게 심각한 언어폭력을 가해서 법정에 서게 된 교사도 있었다. 학생이 교사에게 욕설을 하거나 폭력을 행사하는 경우도 있고, 학생들끼리 왕따나 집단폭행, 언어폭력에 의한 괴로움을 호소하는 경우도 상당하다. 또 학부모가 수업 중인 교실에서 교사에게 막말과 폭행을 저질러 형사 처벌을 받은 경우도 있었다.

위의 사례들에 나타난 사람들의 행위는 명백하게 잘못된 것이며 그에 따른 처벌을 변호할 사람도 없을 것이다. 아무리 교육적 목적이 정당하다고 할지라도 그 수단이 잘못되었다면 합리적 교육활동이었다고 인정하기 어렵기 때문이다.

하지만 그들에 대한 처벌만이 능사일까? 본질적으로 예방하기 위한 대책은 없을까?

최근의 인권침해 사례를 분석해보면 다수의 공통점을 발견하기도 한다. 교원이 교육활동 중에 한 말이나 행동이 인권을 침해하는 것인지 모호한 경우도 있고, 인권침해에 해당하는지를 인지하지 못한 상태에서 과거의 방식대로 지도하거나 과도한 목표의식과 열정 때문에 인권을 침해한 경우도 있다.

실제로 폭력 없는 교실을 만들기 위해 욕설을 포함한 언어폭력이나 신체폭력을 금하는 학급규칙을 만들면서, 그를 위반한 경우 폭력적인 방식으로 벌칙을 부과하는 경우 등이 그 예라 할 수 있다. 교육의 목적이 아무리 훌륭하다고 하더라도 그것을 이루어가는 과정 또한 교육적이고 인권적이어야 마땅할 것이다.

얼마 전 교육대학교의 모 교수와 이런 주제를 가지고 대화를 나눈 적이 있다. 대학의 현행 교육과정에서 인권이라는 주제에 대해 거의 다루지 않고 있을 뿐 아니라 학생들이 조만간 경험하게 될 학교현장의 변화하는 현실을 전혀 따라잡지 못하고 있는 것이 매우 안타까웠다. 그러다 보니 교사의 과도한 열정에서 비롯된 목표지향적인 교육지도가 인권침해로 접수되는 사례가 왕왕 발생하는데, 이들 중 상당수가 이제 갓 교직에 입문한 젊은 교사들이다.

이러한 다양한 인권침해를 방지하고 인권이 보장되는 학교를 만들기 위한 궁극적인 방법은 무엇일까? 그것은 교육공동체의 인권감수성을 향상시키는 노력에 있다고 본다.

흔히 인권운동가들은 "학생의 인권은 교문 앞에서 멈춘다."라며 속상해한다. 입시위주 경쟁교육의 소용돌이는 교육공동체 모두에게 하나의 목적만을 위해 모든 것을 참고 인내하며 견디도록 강요한다. 교육의 본래 목적은 사라지고 마치 블랙홀처럼 다른 모든 가치를 빨아들이기만 할 뿐이다. 하지만 인권은 기본권이다. 사람이라면 누구나 가지고 있는 태생적 권리인 것이다. 사람이 사람을 가르치고 배우는 학교에서 인간으로서의 기본권조차 누리지 못한다면 우리는 과연 교육이란 이름으로 무엇을 할 수 있을까?

학교 인권이란 학교라는 공간에서 생활하며 교육이란 이름으로 주고받는 모든 활동과 관계에서 서로 동등한 권리의 주체로서 각자에게 주어진 권한을 정당한 방법으로 행사하는 것이라 말할 수 있다. 즉 교사와 학생은 위계의 관계이거나 명령-복종의 관계가 아니라, 서로 대등한 인격의 주체로서 교육활동을 주고받을 수 있어야 함을 의미한다. 그러한 정상적 관계에서 출발하여 교육과정이 계획되고 학교운영 방식이 수립되는 것이고 그에 따라 교육활동이 진행되어야 한다.

인권은 인간이 가지는 기본적 권리이며 보편적 권리이다. 또한 인권은 약자를 위한 권리이고 책임을 동반한 권리이다. 인권의 속성이 이러하기에 인권은 학교변화를 요구한다.

학교 안에서 개인의 인권이 침해되는 경우 정당한 방법에 의해 권리회복을 해나가면 되지만, 제도나 방식의 문제에서 구조적으로 기인하는 문제라면 학칙이나 생활규정을 바꾸기 위해 노력해야 한다. 또한 교육청의 강압적인 행정업무 처리나 강제 할당식 업무지시 등은 교사가 온전히 학교에서 학생들을 지도하는 데 에너지를 쏟는 것을 방해하기도 한다. 이런 일들은 학교에서 교육구성원들의 인권을 침해하는 경우로 나타나는 경우가 많다.

인권은 기본적으로 한 사회의 제도, 관습, 법률의 상위개념으로 존재하기 때문에 기존의 관행이나 제도를 도전을 통해 바꾸려는 노력이 궁극적으로 인권을 확보하는 길이다. 이런 점에서 인권운동은 한 사회가 정의롭고 평화로운 사회로 나아가도록 하는 원동력이 되기도 하며, 학교에서 인권보장을 위한 노력은 학교가 본래의 교육목적을 되찾고 민주성과 사회성, 도덕성과 책임의식 등을 동반하는 학교변화를 이끌어가는 기본 토대가 되는 것이다.

그동안 인권에 대한 사안별 대응과 현상적 대안은 있어왔지만 종합적으로 학교교육에서 또는 교육과정에서 인권분야가 독립적으로 다뤄지기에는 미흡한 것이 사실이었다. 그러다 보니 자연스레 개별 교과영역에서 인권의 주요 덕목을 부분적으로 가르쳐왔다. 하지만 경기학생인권조례 제정을 시작으로 학교에서 인권교육의 필요성이 주요한 의제로 떠오르고 있고, 인권의 영역이 핵심 교육 가치로 자리잡아가고 있다. 또한 진보교육감이 다수 당선되면서 학교에서 인권의 가치는 더욱 주요하게 설정될 것으로 예상된다.

민주주의는 인권과 동행하는 벗이다. 인권 없는 민주주의는 사상누각이며 형식적 시늉에 그칠 수밖에 없는 것이다. 그렇기에 현재 주요하게 우리 교육의 화두로 떠오르고 있는 학교자치(학교민주화)는 매우 유의미한 일이며 인권의 발전과정이기도 하다. 인권의 가치를 바탕으로 학교 민주주의를 실현하는 구체적 활동으로 교사자치, 학생자치 활동이 진행되는 것은 우리 교육이 나갈 방향이 되어야 할 것이다.

얼마 전 유엔에서는 "인권에 대해 가르치지 않는 것도 인권침해"라고 규정하면서 인권교육을 강화할 것을 회원국에게 요청한 바 있다.

인권교육은 모든 사람의 기본권이 인정되고 존중되는, 사람이 사람답게 사는 사회의 실현을 목적으로 하는 미래를 위한 중요한 투자이다. 인권이 보장되는 학교를 만들기 위해서는 인권교육이 더 강화되어야 하고, 연구가 계속되어야 하며, 제도로서 자리잡은 뒤 현장에서 실행되는지를 확인해야 한다.

아직 우리 교육에서 인권의 영역은 갈 길이 멀지만, 이 한 권의 책이 인권교육 및 인식제고에 보탬이 되기를 바란다.

아울러 이 책이 나오기까지 도움을 주신 전주교대 이동성 교수님과 전북학생인권교육센터 선생님들께 감사드린다.

차례

1

인권 및
인권교육의 이해

1. 인권이란?

당신이 내게 세상에서 가장 중요한 것이 뭐냐고 물으면,
나는 바로 사람, 사람, 사람이라고 말할 것이다.

_ 뉴질랜드 마오리족의 속담

출처 – 전북학생인권교육센터

인권(人權 : HUMAN RIGHTS)

인(간) + 권(리)

인권이란 "인간은 권리를 가지고 있고, 인간은 권리를 누릴 자격이
있다"로 단순하게 정의할 수도 있다.

하지만 1948년 유엔에 의해 제정된 세계인권선언에 따르면 인권은
"인간의 권리를 넘어 인간이 되기 위한 권리, 인간이 가져야 하는 당연
한 권리를 표현하는 것"이라고 해석되기도 한다.

인권을 이야기할 때 세계인권선언은 역사적으로나 내용적으로도
매우 큰 의미를 가진다. 제2차 세계대전으로 전 세계에서 약 5000만
명이 죽고 그 못지않은 부상자가 나오자, 세계 각국은 인간의 가치
가 전쟁의 부속품처럼 여겨지고 무의미하게 목숨을 잃은 사람들을 보
면서 대대적인 반성과 각성을 하게 된다. 그 결과 유엔은 인간 한 사
람 한 사람이 얼마나 소중한 존재인지를 천명하고 그 가치를 지켜가
기 위한 노력의 일환으로 세계인권선언(The Universal Declaration of
Human Rights)을 제정하게 된다.

이 선언은 1948년 12월 10일 유엔 총회에서 당시 가입국가 58개국
중 50개국이 찬성하여 채택된 인권에 관한 세계 선언문이며, 360여
개 언어로 번역되어 지금까지 가장 많이 번역된 유엔 총회 문건이다.
1946년의 인권장전 초안과 1948년의 세계인권선언 그리고 1966년의
국제인권규약을 합쳐 국제인권장전이라고 부르기도 한다. 세계인권
선언은 유엔의 결의로서 비록 직접적인 법적 구속력은 없으나 오늘날
대부분의 국가에서 헌법 또는 기본법에 그 내용이 각인되고 반영되어
실효성이 클 뿐만 아니라, 1966년 국제인권규약은 세계 최초로 법적
구속력을 가진 세계적인 인권 관련 국제법이다.

실제로 세계인권선언은 인권의 정의와 인권의 주요 내용 및 실현 방안을 제시함으로써 문명사회를 가르는 기준으로 인정받고 있기도 하다.

요즘에는 많이 사라졌다고는 하지만 학교에서 가끔 행해지는 것이 운동장 조회이다.

사진은 현재 학교에서 작동하는 위계를 잘 보여주고 있다. 조회대 위에서는 학교관리자 혹은 높은 사람이 올라와서 훈화를 하고 있을 테고, 조회대 바로 앞에서는 각 학급별로 교사들이 학생들 앞에 서서 행여 줄이 삐뚤어지지는 않았는지, 집중은 잘 하고 있는지 감시자가 되어 살펴보고 있을 테고, 학생들은 앞에서 무슨 말을 하는지 주의 깊게 듣기보다는 고개를 숙이고 발로 흙장난을 하거나 선생님의 눈을 피해 옆 친구와 소곤대는 장면을 쉽게 상상할 수 있다. 교사는 행사를 위해 질서정연하도록 사전에 오랜 시간 연습을 시켰을 테고, 학생들은 높은 어른이 나오면 떠들지 않도록 단단히 주의를 들었을 것이다. 심지어 담임교사는 도끼눈을 부릅뜨며 행여 아이들이 떠들거나 줄이 흐트러지지 않을까 노심초사하고 있지는 않을까? 비록 운동장 조회가 아니더라도 학예회, 체육대회, 학교에서 벌어지는 각종 행사에서 비슷한 모습이 연출되고 있는 것은 아닐까?

인권이란 위에서 아래로 흐르는 것이 아니고 지위의 높고 낮음이나 현재 처한 환경과는 별개로 한 사람 한 사람이 모두 인격의 소중한 주체이고 동등하게 대접받아야 하는 것을 말하며, 따라서 인간 그 자체로 존중받아야 한다는 것을 의미한다.

더불어 학교인권이란 학교라는 공간에서 생활하며 교육이란 이름

으로 주고받는 모든 활동과 관계에서 서로 동등한 권리의 주체로서
각자에게 주어진 권한을 정당한 방법으로 행사하는 것이라 말할 수
있다. 즉 교사와 학생은 위계의 관계이거나 명령-복종의 관계가 아니
라, 서로 대등한 인격의 주체로서 교육활동을 주고받을 수 있어야 함
을 의미한다.

2. 인권의 속성

인간의 존엄은 그것을 지키기 위해 싸우거나 죽을 가치가 있는 것이다.

_ 로버트 허친스

○ 인권은 인간이 가지는 기본적 권리이다.

인간은 모두 존엄성과 남에게는 넘겨줄 수 없는 권리를 가지고 있다
고 할 수 있다. 여기서 말하는 '존엄성'이란 인간으로서의 생존을 위
해서 최소한으로 필요한 것이라기보다는 존엄한 인간으로서의 삶을
위해 기본적으로 요구되는 것이라 할 수 있다. 따라서 인권이란 사람
의 권리(Rights of man)가 아니라 사람답게 살 권리(Human rights)를
말하는 것이다.

○ 인권은 인간이 가지는 보편적 권리이다.

인권은 본질적으로 누구에게나 적용되는 일반적이고 보편적인 성질을
가져야 한다. 따라서 '~이기 때문에'라는 식의 어떤 조건으로도 제한
되어서는 안 되는 것이다. 즉 국적, 종교, 결혼유무, 직업, 연령 등에

관계없이 오직 '인간'이기 때문에 가질 수 있는 보편적 권리인 것이다.

그렇기 때문에 학교에서는 학생이라는 이유로, 공부해야 한다는 이유로 학생들의 권리를 제한하는 학칙이나 학교 운영방식은 제고되고 수정되어야 하는 것이다.

○ 인권은 약자를 위한 권리이다.

인권의 역사를 보면 인권이 약자의 권리임을 더 잘 이해할 수 있다. 초등학교 6학년 국어교과서에 나오는 '흑인 소녀의 이야기'(흑인 소녀가 버스를 탔는데 자리가 없어서 앞자리에 앉았지만 그 당시 미국 해당 주의 법에 의하면 흑인은 앞에 앉을 수 없었다. 이에 버스 기사는 흑인 소녀에게 뒤로 갈 것을 요구하며 버스를 출발시키지 않다가 이에 항의하는 흑인 소녀를 버스에서 강제 하차시킨다. 이 사건이 언론에 보도되고 인종차별에 대한 여론이 악화되면서 결국 해당 주의 법이 폐지되었다.)처럼 인권을 침해당한 수많은 사람들이 인간답게 살기 위해 끊임없이 자신을 희생하면서 투쟁하여 얻어낸 것이 지금 우리가 누리는 인권이다. 이렇듯이 인권은 약자들의 희생위에 만들어진 권리인 것이다.

인권강사들이 자주 애용하는 학교 안의 피라미드 그림을 교사들에게 보여주면 초등학교 교사들은 주로 웃어넘기고, 중등학교 교사들은 격하게 동의하며 고개를 끄덕인다. 이 그림을 보여주며 교사들이 상대적 약자인 학생의 편에서 생활지도나 학습지도가 이루어지도록 노력해야 한다고 말하면 어떤 교사들은 "요즘은 교사가 상대적 약자다. 학생들이 교사의 지시를 잘 따르지 않고, 학교폭력은 교사들이 당하기도 한다."라고 하소연하며 억울해하기도 한다. 하지만 상대적으로 성숙한 어른이고 지도와 평가 권한, 교내의 대부분의 질서에서 교사가 학생에 비해 갑(甲)의 위치에 있음을 부인하긴 어렵다.

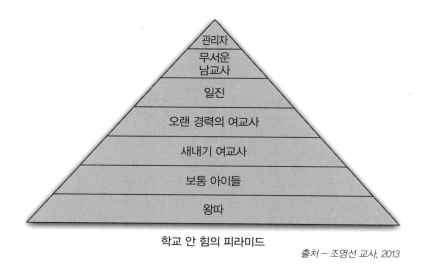

학교 안 힘의 피라미드

출처 – 조영선 교사, 2013

O 인권은 책임을 동반한 권리이다.

인권의 가장 기본이 되는 덕목은 '자유'와 '평등'이다. 자유란 자기 스스로 하고 싶은 것을 할 수 있는 것을 말한다. 하지만 자유라는 명목으로 타인의 자유를 빼앗을 권리는 없는 것이다. 수업이 진행되는 동안 각자의 권리는 교실 안에 공존한다. 교사에게는 수업을 할 권한과 의무가 있고, 학생들은 수업을 들을 권리가 있다. 하지만 자신이 수업을 듣지 않겠다며 옆자리의 친구와 장난을 하거나 떠드는 것은 교사의 수업할 권한과 다른 학생들의 수업을 받을 권리를 빼앗는 것이므로 정당한 자유권을 행사하는 것이라고 보기 어렵다. 즉 한 개인이 인권을 가지고 있다는 것은 동시에 다른 사람의 인권을 존중할 책임을 가진다는 것이다.

학생들을 대상으로 인권교육을 진행하고 나면 부쩍 자신의 권리에 대한 주장을 많이 한다. 자연스럽고 권장해야 할 일이다. 하지만 대개의 경우 권리를 주장하는 만큼의 책임에 대해서는 인지하지 못하거나 애써 눈감는 경우가 많다.

　한 개인이 인권과 관련해서 갖는 책임은 자신의 인권을 알고 누려가려는 책임과 함께 타인의 권리를 존중해주면서 지켜주어야 하는 책임, 이렇게 두 가지 면에서 나타난다고 할 수 있다.

○ 인권은 개인과 집단을 포괄하는 권리이다.

인권침해는 개인과 개인 사이에서 일어나기도 하지만 사회적 구조와 관련되거나 국가 또는 국제적 힘의 관계에서 나타나는 경우도 많다.

　2000년대 초, 정부는 교육행정정보시스템(NEIS)을 도입하면서 학생들을 대상으로 과도한 정보를 수집하려 했었다. 그 당시 이에 반대한 인권단체들과 교사들의 저항으로 불필요하거나 과도한 정보 수집은 하지 않는 것으로 결정되었다. 이러한 투쟁을 통해 당시에는 생소했던 '정보인권'이라는 단어가 등장하게 되었고, 지금은 개인정보보호법을 통해 국가가 법으로 개인의 정보를 보호하게 되었다.

　이렇듯 개별적으로 인권을 주장하기도 하지만 사회집단이나 사회구조에 의해 발생하는 인권침해에 초점을 둘 경우 인권의 의제는 더 풍부해질 수 있다. 그러므로 인권은 개인과 집단 간의 불가분성에 기초해야 한다.

○ 인권은 사회(학교)변화를 요구한다.

학교 안에서 개인의 인권이 침해되는 경우 정당한 방법에 의해 권리회복을 해나가면 되지만, 제도나 방식의 문제에서 구조적으로 기인하는 문제라면 학칙이나 생활규정을 바꾸기 위해 노력해야 한다. 또한 교육청의 독단적인 행정업무처리나 강제할당식 업무지시 등은 교사가 온전히 학교에서 학생들을 지도하는 데 에너지를 쏟는 것을 방해하기도 한다. 이런 일들은 학교에서 교육구성원들의 인권을 침해하는 경우로 나타나는 경우가 많다.

인권은 기본적으로 한 사회의 제도, 관습, 법률을 지배하는 가치개념의 상위개념으로 존재하기 때문에 기존의 관행이나 제도에 대한 도전을 통해 바꿔가려는 노력이 궁극적으로 인권을 확보하는 길이다.

이런 점에서 인권운동은 한 사회가 정의롭고 평화로운 사회로 나아가도록 하는 원동력이 되기도 한다.

3. 인권에 기반한 교육 접근법

누구에 대해서건 그들의 인권을 부정하는 것은
그들의 인간성 자체에 도전하는 것이다.

_ 넬슨 만델라

교사들이 수업이나 생활지도를 할 때 저마다 중점적으로 고려하는 것은 다양할 수 있다. 예를 들어 학습효과에 중점을 둔다면 성적이나 등수, 진학률에 신경이 곤두설 것이고, 어떤 활동에 대한 흥미와 만족도에만 주력한다면 상대적으로 인기 없는 주제나 사람들을 고려하지 않을 것이다.

'인권에 기반한 접근법'이란 한마디로 교육활동을 계획하고 시행할 때, 그것의 과정 중심에 인권을 놓는 것이다. 그리고 어떻게 하면 모든 사람의 인권을 배제나 차별 없이 실현할 것인지에 주의를 기울이는 것이다. 폭력, 통제, 불의, 분쟁과 갈등, 소외 등의 문제에 대응할 때 당장의 필요에 근거하여 시혜적으로 베푸는 것을 넘어 '권리, 책임, 의무'로 옮겨가는 것이다.

또한 차별 등의 문제를 '어쩔 수 없는 일, 불운, 개인의 잘못' 등으로 돌리는 것이 아니라 인권침해이며 비판받을 일로 인지하는 것이 필요하며, 교사의 시혜적 도움 대신에 교사 자신과 학생 자신들의 권리를 실현할 개인과 집단의 역량을 강화하는 것을 지향한다.

유엔 인권위원회에서는 RBA(Rights-based Approach)에 다음과 같은 '기본 원칙'을 제시하고 있다.

- 인권의 보편성(Universality): 인권은 어떠한 상황에서도 누구에게나 차별 없이 평등하게 보장되어야 한다.
- 인권의 불가분성(Indivisibility of rights): 인권은 자유와 평등이라는 두 가지 이념을 중심으로 서로 연계되어 있다. 더 많이 자유로워질수록 더 많이 평등해지고 더 많이 평등해질수록 더 자유로워질 수 있다.
- 인권의 상호의존성(Interdependence and interrelatedness of rights): 인간은 모두 관계 속에서 존재하며 서로의 권리는 경쟁하는 것이 아니라 함께 해결하고자 할 때 꽃을 피운다.
- 참여를 권리로 인정(Participation as a right): 참여는 시혜가 아니라 당연히 누려야 할 자유이며 평등이고 권리이다.
- 불차별의 원칙(Non-discrimination): 인종, 종교, 성, 학력 등 다양한 차별에서 벗어나야 한다.
- 자력화(Empowerment): 스스로의 힘으로 인권을 지켜갈 수 있도록 해야 한다.

2

학교에서
인권을 말하다

1. 인권감수성 키우기

역지사지(易地思之)
상대방의 처지나 입장에서 먼저 생각하고 이해하라.

　인권, 즉 인간이 존엄하다는 인식은 한 사회가 가진 도덕성을 반영한다. 또한 그 어떠한 가치보다 중시되어야 하는 것이기도 하다. 인권교육을 하거나 인권에 대한 연수가 진행될 때 지식이나 이론보다는 '인권감수성'이란 말이 자주 나온다. 인권감수성이란 일상생활에서 만나는 다양한 자극이나 사건에 대하여 매우 작은 요소에서도 인권적인 요소를 발견하고 적용하면서, 인권을 고려하는 것을 말한다. 즉 인권에 대한 감정과 정서적 공감을 통해 인권에 대해 민감하게 인식하고 반응할 수 있는 상태를 말하는 것이다. 교사의 입장에서 인권감수성이란 자신이 처하거나 해결해야 하는 비인권적인 현실에 대해 단순한 감정표현을 동반한 분노를 표출하는 것에서 한발 더 나아가 자신의 감정적인 동요가 왜 생기는지 그리고 인권이라는 기준을 바탕으로 구체적인 행동을 보여주며 문제를 해결해가는 노력까지를 포함한다 할 수 있다.

사례1. ○○초등학교 교실 학급규칙

2015년 초에 A지역 ○○초등학교의 학급규칙 중 하나는 욕설을 금지하고, 욕설을 반복적으로 사용하는 학생이 있을 경우 자신이 신고 있던 양말을 입에 무는 벌칙을 수행하는 것이었다. 학년 초 담임교사와 학생들이 함께 학급규칙을 정할 때 담임교사가 제안하고 학생들의 동의를 받아서 제정한 것이다. 그런데 이에 그치지 않고 심지어 담임교사가 양말을 물고 있는 학생의 모습을 사진으로 찍어 학급홈페이지 게시판에 게시하는 일이 벌어졌다.

결국 인권침해사안으로 접수되어 교육청에서 조사를 나가자 젊은 담임교사는 "욕설을 고치고자 하는 교육적인 목적으로 아이들과 장난스레 한 일이다. 이것을 인권침해라고 규정한다면 도대체 교사가 아이들을 어떻게 가르치라는 말이냐?" 라며 되레 조사관들에게 억울하다는 항변을 하기도 했다. 평소 학생들과 친분이 두텁고 열정적으로 지도하며 동료교사들과 학부모에게도 인정받는 교사였지만, 생활지도와 학급운영을 하면서 자신이 한 일부 행위가 인권을 침해하는 것인지도 모를 정도로 인권감수성이 낮았던 것이다.

조사관들은 이 사안은 명백한 인권침해이지만 피해학생이나 학부모가 처벌을 원하지 않고 악감정에 기인한 의도적인 행위라기보다는 예비교사 시절부터 지금까지 인권에 대해 교육받아 보지 못한 제도의 문제도 크다고 보고 해당 교사에게 경고조치와 함께 인권교육 이수 처분을 했다. 그리고 이 사건을 계기로 자체적으로 교육청 차원에서 인권 연수 프로그램이 대거 개설되고 교육대학과 인권을 주제로 한 강의 개설을 협의하는 대책이 마련되었다.

학교에서는 매우 다양한 사건이 벌어지고, 때로는 조용히 때로는 거친 방식으로 문제가 해결되기도 한다.

위의 사례처럼 교사와 학생 간에 불거진 인권 문제의 상당수는 교

사의 낮은 인권감수성에서 기인할 때가 많다. 가볍게 꿀밤을 주는 것
이 폭력일 수 있다는 문제의식이 낮고, 늘 해오던 방식대로 지도하는
것에 대해 자기 자신을 돌아보고 인권적으로 문제가 없는지를 살펴
보는 것에 익숙하지 않은 것이 현실이기도 하다.

또 학생끼리의 폭력이나 작은 일들에 대해서도 인권이 보장되는 방
식으로 지도하기보다는 과거의 경험을 바탕으로 사건에 대해 시시비
비를 가려 판단하곤 한다. 하지만 자칫 잘못하여 가해자와 피해자
모두에게 상처가 되는 전혀 인권적이지 못한 방식으로 문제를 처리하
기도 한다.

또 낮은 인권감수성은 교원 간에도 자주 문제를 일으키곤 한다. 교
사와 관리자 간의 문제가 불거지는 경우 힘을 가지고 있는 관리자에
의해 교사가 인권의 피해자가 되는 경우가 다반사이다. 관리자가 자
신의 권한을 무소불위의 힘으로 알고 행사하면서 상대적 약자인 교
사의 권리를 침해하는 경우를 비롯하여, 학부모와 교사 간의 마찰이
생겼을 경우 문제가 확대될 것을 우려한 나머지 무조건 교사에게 잘
못을 빌고 용서를 구하라고 종용하는 경우도 낮은 인권감수성에 기
인하여 합리적 문제해결력을 갖지 못하기 때문에 나타나는 현상이라
고 볼 수 있다.

학교는 그 어떤 곳보다 인권이 보장되는 문화가 조성되어야 하는
곳이다. 따라서 배움과 돌봄, 가르침의 주체가 되는 교원의 낮은 인
권감수성은 결과적으로 인권침해의 도미노를 일으킨다. 심지어는 어
른이며 교사라는 상대적 권위와 힘에 기대어 반인권적 학교규칙이나
학급규정을 만들어 운영하며 문제를 야기시키기도 한다.

따라서 교사는 늘 인권에 대해 학습하고 자신의 가르침을 되짚어
보아야 하며 인권이 보장되는 학교를 만들기 위해 노력해야 한다. 이

것이 인권감수성을 키우는 첫걸음이라 할 것이다.

또한 인권감수성은 인권의 시작이지 끝이 아니다. 인권감수성을 키우고자 하는 노력은 인권적으로 완벽한 사람이 되기 위한 것이 아니라 우리의 삶과 교실, 학교를 좀 더 생명과 인간의 존엄함을 중시하는 공간으로 만들기 위한 작은 발걸음에서부터 시작하는 것이라고도 할 수 있다.

2. 억울한 인권. 인권에 대한 오해

서로 자유를 방해하지 않는 범위에서 내 자유를 확장하는 일,
이것이 자유의 법칙이다.

_ 칸트

출처 – 전북학생인권교육센터

○ 인권은 좌파들이 주로 사용하는 이념적 단어가 아닌가?

인권은 국제법과 헌법에 의해 보장되는 인간의 권리이다.

"나는 당신의 생각에 반대합니다. 하지만 당신의 의견으로 인하여 당신이 부당하게 탄압받고 있다면 저는 당신을 위해 목숨을 바쳐 싸우겠습니다."라는 프랑스 철학자 볼테르의 명언처럼 인권보장이란 인간의 권리를 지키기 위한 노력의 과정인 것이다. 이념이란 한 시대나 사회 또는 계급에 독특하게 나타나는 관념, 믿음, 주의 따위를 통틀어 이르는 말로 정의할 수 있다. 그렇다면 인간의 권리는 이념의 범주에 속하는 것일까? 인권은 인간이라면 누구나 태어나면서부터 가지는 권리로 사람이 사람답게 사는 데 필요한 조건들이다. 북한주민인지, 난민인지, 이주노동자인지, 대한민국 국민인지와 관계없이 누구나 똑같은 사람이기에 누려야 하는 권리이다.

물론, 사람이 사는 세상에 정치와 이념 논쟁은 있을 수밖에 없고, 인권 논의가 이로부터 자유로울 수 없는 것은 사실이다. 하지만 미국이 북한정권을 비판할 때 자주 사용하는 단어가 "인권후진국 또는 인권침해국"이다. 그렇다면 인권 보장을 주장하는 미국은 좌파 국가인가? 인간의 권리를 보장하자는 노력을 특정 이념으로 치부하는 것은 결코 옳지도, 바람직하지도 않다. 더 많은 사람들이 보편적 인권에 대한 이해를 바탕으로 하여 그를 향한 노력에 동참할 때, 더욱 행복한 사회를 만들 수 있다는 것은 역사적으로 증명된 자명한 사실이다. 더군다나 학교에서마저 인간으로서의 권리가 무엇이고 어떻게 지켜가야 하는지를 배우고 학습하지 않는다면 학생들을 이성적 시민으로 자라나게 할 수 있을까? 인권에는 좌와 우, 진보와 보수가 없다. 인간으로서의 가치만 있을 뿐이다.

ㅇ 학생인권이 존중되어야 한다는 데는 동의하지만 학생인권만 생각하다 보면 학습분위기가 훼손되지 않을까?

학교는 즐거운 학업의 장이 되어야 한다. 학교생활이 즐거워야 공부도 즐겁고, 공부가 즐거워야 학습도 가능하다. 학교에서 인권을 존중한다는 것은 학교를 가고 싶은 공간으로, 폭력이나 차별의 위험이 없는 안전한 공간으로, 자유로운 생활을 할 수 있는 공간으로 만드는 데 도움을 주는 것을 의미하기도 한다. 학생들의 소리에 귀를 기울인다면 학교는 학생들의 신뢰를 받을 수 있는 공간으로 변해갈 것이며, 그럼으로써 학생들의 정서적 안정도 높아질 것이고 학습분위기도 한결 좋아질 수 있다.

학생들이 공부에 대한 동기를 갖고 몰입하기를 원한다면 통제가 아닌 다른 교육적 접근이 이루어져야 한다. 실제로 많은 학부모와 교사들은 학교에서 두발규제를 없애면 공부는 안 하고 머리에만 신경 쓰게 될 거라고 우려하지만, 이미 많은 대안학교들과 몇몇 일반학교의 선도적인 실험으로 이러한 생각이 기우에 불과하다는 것이 확인된 바 있다.

실제로 대안학교에서 두발자유를 시행하면 초기에는 학생들이 해 보고 싶던 다양한 머리모양을 하고 나타난다. 레게머리를 하기도 하고 붉게 염색하기도 하며 파마를 하는 등 다양한 방식으로 자기를 표현한다. 하지만 대개 그러한 일들은 짧으면 한 달, 길면 한 학기 정도에서 그치고 단정한(?) 스타일로 돌아온다. 학생들에게 그 이유를 물어보면 "관리하기 힘들어서요." "활동하는 데 방해돼서요." "그냥 짧은 게 편해요."라고 대답하며 자기에게 알맞은 스타일을 찾아간다. 외려 획일적인 스타일을 강요하는 것이 억누르는 효과로 나타나 반발심만 키우는 것은 아닌지 되돌아볼 일이다.

또한 공부라고 하면 교과공부만 떠올리는 경향이 있는데, 인권을 배우는 것도 중요한 공부이다. 사람살이의 기본을 가르치는 것이 학교이기도 한 것이다. 인권은 생활 속에서 경험하고 익힐 때 가장 잘 학습될 수 있다. 민주시민이란 권리를 행사할 줄 아는 자유로운 사람이자 주변 사람들에 대해서도 책임질 줄 아는 사람을 말하는 것이고, 우리 교육의 궁극적 목표 중의 하나는 자유롭고 정의로운 민주시민 육성이기도 하다.

○ 학생들은 권리를 제대로 행사하기에는 미성숙한 존재이다. 학생들이 자기 행동에 책임을 지도록 하려면 권리보다는 의무에 대한 교육이 앞서야 하지 않을까?

학생들은 성숙해가는 과정의 존재이다. 그렇기에 미성숙한 학생을 성숙한 민주시민으로 기르기 위해 학교가 필요한 것이다. 비록 학생들이 미성숙하고 서툴게 표현하여 갈등이 유발되더라도 그것을 인정해주고 갈등을 해결해가는 것 역시 교육의 과정이다. 어린아이가 넘어지지 않고 걸음마를 배울 수 없듯이, 학생도 교사도 실수를 통해 배움을 얻고 갈등을 조정해나가는 과정을 통해 성숙할 수 있다. 이러한 과정을 통해 학생도 교사도 인권에 대해 성숙할 수 있는 것이다.

폭력 가정에서 자란 사람이 자기 가정을 꾸린 이후 고스란히 폭력을 대물림하듯이, 인권을 존중받는 분위기 속에서 교육받을 때 자기와 다른 사람을 동시에 존중하는 사람이 될 수 있다. 또한 무엇보다 인권은 일정한 책임과 의무를 다한 경우에만 주어지는 대가가 아니다. 잘못된 행위가 있을 때 그 행위에 대한 책임은 물을 수 있겠지만, 그렇다 할지라도 그 사람의 인권이 부인되어서는 안 된다.

학교에서 자유를 부여함과 동시에 책임을 요구하는 것은 당연하다. 하지만 학생이라는 이유로 의무만을 강조하며 자유와 권리를 일정부분 제약한다는 것은 합리적 교육방식이라고 보기 어렵다. 권리를 부여할 때 책임 또한 명확히 요구할 수 있다.

◉ 학생들 사이에 장난으로 인한 사고가 많고 폭력이 갈수록 심해지고 있다. 이런 상황에서 학생들의 안전을 책임지고 공동체를 유지하기 위해서라도 일정한 통제가 불가피한 것이 아닌가?

교사의 경우 종종 학생의 안전사고에 대해 과도한 책임을 져야 하는 상황에 내몰리곤 한다. 보호자의 경우도 학교가 사고에 대한 책임을 회피한다고 불만을 터뜨리기도 한다. 그런데 학생들에게 인권을 보장하자는 것이 방임 내지 방치를 의미하는 것은 아니며, 통제를 강화한다고 해서 공동체가 잘 유지되는 것도 아니다.

학교에서 공동체 생활을 위해 일정한 제재와 통제를 가할 수는 있다. 이것은 자신의 안전을 지키면서 타인의 안전을 유지하는 일이기도 하다. 그렇기에 모든 학교는 학교 내에 학칙과 생활규정 등을 두고 운영하며 학급에서는 학급규칙을 만들어 시행하기도 한다.

하지만 이러한 공동체 생활을 위한 통제시스템을 만들기 위해서는 학교교육 공동체가 모두 참여하는 합리적 절차와 민주적 토론의 과정이 필요하다. 이런 과정을 거쳤을 때 공동체 규칙에 대한 이해도도 높아지고 실천력도 담보되는 것이다. 누군가에 의해 일방적으로 만들어진 규제와 통제규칙은 반발만 불러오고 실제로 잘 지켜지지도 않는 경우가 많다. 또한 아무리 공공선을 위한 명분이라고 할지라도 개인의 자유를 과도하게 침해하거나 차별을 조장하는 방식의 규칙과 통제는 인권적이지 않을 뿐더러 교육적이지도 않다.

ㅇ 학교에서 인권이 화두가 되는 것은 교사들을 문제집단으로 보기 때문 아닌가? 이렇게 되면 교사들 사기가 떨어지지 않을까?

학생의 인권을 보장하라는 주장이 모든 교사를 문제집단으로 보기 때문에 제기된 것은 아니다. 심각한 학생인권 침해 사례가 언론에 알려지고 나면, 종종 교사집단 전체가 비난을 받곤 한다. 하지만 인권이 보장되는 학교 만들기는 더 이상 억압과 감시, 통제 중심의 구시대적인 학생 지도 방식으로는 민주시민, 세계시민의 자질을 키울 수 없다는 반성에서 비롯된 것이다. 자기 권리를 당당하고 책임감 있게 행사할 수 있는 사람, 다른 사람의 고통을 공감할 줄 아는 사람을 길러내는 일은 학생과 교사가 서로를 존중하는 학교를 만들어내는 데도 기여하는 것이다. 이런 학교는 당연히 교사들에게도 즐거운 학교일 것이고, 교사들의 자긍심이 지켜질 수 있는 학교이다.

ㅇ 학생인권이 중요하다는 것은 인정하지만 학생인권을 보장하면 교권이 추락하는 것은 아닌가? 요즘에는 학생들에게 피해를 입는 교사가 점점 늘고 있지 않은가?

교사들이 학생들의 말이나 행동에 상처받고 자괴감을 느끼는 경우도 있다. 학교에서 인권을 이야기한다는 것은 학생인권뿐 아니라 교사의 인권과 권한 또한 존중하는 것을 의미한다. 그동안 우리 학교는 학생들에게 인권보다는 의무를 먼저 요구해온 것이 사실이다. 그러다 보니 권리를 행사하면서 배우고, 참여하면서 책임질 기회를 얻지 못하기도 했다.

인권을 누가 더 누리고 있느냐를 확인할 순 있어도 인권이 상호 대립적인 개념인 것은 아니다. 즉 학생의 인권이 보장되면 교사의 인권이 줄어드는 제로섬게임이 아니라는 것이다.

예를 들어 학생에게 두발자유를 보장한다고 해서 교사의 권리가 침해당하는 것은 아니며, 오히려 두발 단속 시간에 학생들과 소통의 시간을 가지는 것이 훨씬 더 교육적이다. 학생들의 자유로운 정보통신기기 활용을 보장하되 수업시간에 휴대폰을 자유롭게 사용하도록 허용하라는 것은 아니다. 그러한 행위는 생활규정에 의해서 적절히 제한되는 것이 당연하다.

이제 학교는 교사와 학생 모두가 인격의 주체로 동등하게 존중받고 서로의 인권을 침해하지 않는 문화로 변해가야 한다.

학생을 통제와 관리의 대상으로 보는 전통적 관점에서 사고한다면 학생들에게 자유와 권리를 보장하는 것이 감독자로서 교사의 권한이 축소되는 것으로 보일 수 있겠지만, 학생을 교사와 같은 인격과 권리의 주체로 사고한다면 교사와 학생이 서로 존중하고 인권을 보장하려는 노력을 해나가게 될 것이며, 이는 교육의 본질적 목적을 달성해나가는 데 도움이 될 것이다.

O 실제로 학교의 수업시간 중 학생지도의 책임은 오직 교사의 몫이다. 수업시간 중 문제행동을 보이는 학생이 늘고 있는데 어떻게 학생들을 지도하라는 것인가? 예를 들어 수업시간에 자거나 돌아다니는 학생도 자유로운 행동을 할 인권이 있으니 가만히 내버려두어야 하는가?

학생인권을 존중하라는 것이 수업시간에 자거나 돌아다니는 행동을 내버려두거나 방임하라는 것을 의미하지는 않는다. 인권이 보장되는 학교 만들기는 교사 개개인의 책임만 늘여가는 방향을 지향하는 것이 아니고 오히려 학생이 즐겁게 수업에 참여하고 학생 역시 수업에 공동으로 책임질 수 있는 환경을 만들어가는 데 지향점을 두고 있다.

교사 혼자서 대응하기 힘든 학생의 문제 상황이 발견되었을 때는 학교 차원에서 교사를 지원할 수 있는 시스템이 마련되어야 한다. 교사의 합리적 지도에 불응하거나 수업시간 또는 기타의 상황에서 교사와 다른 학생의 인권을 침해하는 상황이 발생할 경우 그에 적합한 책임을 지도록 하는 시스템은 반드시 필요하다.

3. 학생이 을(乙)인가?

흔히 교육을 전공하는 대학의 강의에서 제일 먼저 나오는 개념이 '교육이란 무엇인가?' '교사는 누구이고 학생은 누구인가?'로 시작된다. 이것은 교육의 방향과 실천 활동이 교사의 존재와 역할, 학생의 존재를 어떻게 보느냐에 따라 달라지기 때문에 교육의 가장 기본으로서 철학을 세우는 과정이 앞서야 하기 때문일 것이다.

전통적으로 우리 교육에서 '학생'은 지도와 훈육의 대상이며 심지어는 관리와 통제의 대상이기도 했다. 더욱 심각하게는 미성숙한 아동으로서 대학입시를 준비하기 위해 자신의 모든 감정과 욕구, 권한을 작고 네모난 책상에 매어두고 공부에만 전념하는 존재이기도 했다.

이러한 생각에 기인하여 오로지 하나의 목표를 이루기 위해서 체벌이나 억압, 때로는 감정적 구속까지도 당연한 것으로 받아들여지고 행여 자신도 사람이라고 외치는 학생들을 학교의 면학분위기를 해친다는 구실로 쫓아내기까지한 것이 현실이다.

사회는 한발 한발 민주화되고 있고 인간의 존엄성이 보장되는 세상으로 발전하고 있지만 여전히 학교에서는 변화의 흐름이 더디고 좋은 대학입학이라는 명분하에 사회와 교사·학부모가 때로는 한 몸이 되어 학생들의 존엄성을 훼손하고 있는 것이다. 하지만 이제 당당히 선언하고 변해야 한다. 학생도 인간이고 존엄성이 있으며 인간으로서 당당하게 권리를 보장받아야 한다고. 미성숙하기 때문에 학교를 다니고 배우는 것이며, 그 배움의 방법 또한 인간적이어야 한다고. 인간으로서의 권리조차 보장받지 못한다면 과연 교육이란 이름으로 무엇을 할 수 있는지를 사고해야 한다. 학교라는 공간에서 교사도 학생도 같은 인간으로 동등한 대우를 받아야 하며, 교육 공간에서 가르침과 배움은 평등한 것이어야 한다.

4. 교사와 교권이란?

출처 – 단대신문

흔히 교권을 이야기할 때 교사의 권한과 권위를 혼동하는 경우를 종종 볼 수 있다. 이렇게 혼동하다 보니 '감히 교사에게 학생이~' 이런 사고를 하게 되고 학생의 자유와 권리를 보장해주는 것이 교권을 침해한다는 생각에까지 이르게 되는 것이다.

사례1. 교권침해

전북 A지역의 ○○초등학교에서 교사의 학습지도와 생활지도에 불만을 품은 학부모가 학교에 민원을 제기했다. 이 학부모가 과거에는 학교운영위원으로서 나름 긍정적인 역할도 했으나, 대개의 경우는 학교운영위원이라는 위치를 이용하여 학교에 다양한 압력을 행사하고 그 압력이 수용되지 않을 경우 자신이 동원할 수 있는 모든 방법을 활용하여 기어이 뜻한 바를 이루어왔고 시끄러워지는 것을 두려워한 학교관리자들은 마지못해 수용하는 사례를 반복하곤 했다.

한 번은 학교운영위원인 학부모가 자녀에 대한 지도에 불만을 품고 수업 중인 교실에 찾아와 담임교사에게 사과를 요구하며 폭언을 하는 일이 벌어졌다. 하지만 교사는 정당한 지도의 일환이었다며 사과를 거부했고, 이에 앙심을 품은 학부모는 거의 매일같이 교사에게 전화나 문자를 이용해 폭언을 일삼고 급기야는 학교장에게 담임교체를 요구하기에 이르렀다.

평소 이 학부모의 위세에 눌려 있던 학교관리자이지만 이번 사건의 경우 교사의 잘못이 없기에 담임교체의 명분이 없으므로 수용하지 않자 이 학부모는 시교육청, 도교육청, 심지어 교육부에까지 민원을 제기했다.

하지만 이 역시 조사결과 교사에게 특별한 문제가 없는 것으로 결론이 났다. 이 학부모는 여기서 멈추지 않고 주변의 학부모들에게 자신의 정당성을 설명한다는 명분으로 교사에 대한 험담과 직접적 폭언을 멈추지 않았다. 결국 이 교사는 정신적 스트레스를 이기지 못하고 병가를 냈고 도교육청에 교권침해사안으로 도움을 요청했다.

도교육청은 자문 변호사를 통해 교사에 대한 법률상담을 진행하고 그간의 사례를 모아 형사고발할 것을 권고했지만 차마 학부모를 고발할 수 없었던 교사는 병가기간이 끝나자 학교에 복귀하여 아이들을 지도하고 있다.

오늘날의 교육현장은 학생들과 학부모의 과다한 개입, 부당한 간섭 등으로 교사의 권위가 날로 추락하고 있는 것이 사실이다. 이를 반증하듯 매년 스승의 날 즈음에 한국교총에서 발표하는 교권추락 사례를 살펴보면 과거에는 상상할 수 없었던 일들이 왕왕 벌어지곤 한다. 학생이 교사를 폭행하는 사례가 심심치 않게 발생하고 있고, 심지어 학부모가 수업 중인 교실에 찾아와 교사에게 폭언이나 폭행을 하는 일도 뉴스에 자주 등장하곤 한다. 이런 상황에서 교사들은 교사로서 정체성에 혼란을 느끼고 자괴감을 겪으며 학생들 앞에 설 때 움츠러들기 마련이다.

학생과 학부모에 의한 심각한 교권침해는 법적으로는 형사고발의 대상이 되지만 아주 심한 경우를 제외하고 교사가 고발까지 하는 경우는 거의 없다. 자신이 당한 폭력의 트라우마가 강하지만 고발까지 진행하는 것은 교사가 하기 쉬운 대응 방식이 아니기 때문이다.

이에 따라 교육부와 시도교육청은 교권침해에 대해 유형별 사례를 분석하고 대응방안을 마련하고는 있지만, 실제로 학교현장에서 벌어지는 교권침해 사례가 교사의 자발적인 의지로 학교 담 밖으로 나오는 경우는 상당히 드물다고 할 수 있다.

인권은 기본권이다. 누구나 태어나면서부터 가지는 인간적인 권리의 영역이다. 교사/학생이라는 역할구분은 있을지언정 모두 똑같은 인간이라는 사고에서 출발해야 한다. 그런 관점에서 보면 교권이라는 단어는 생경하기까지 하다. 학교를 구성하는 사람들 중 유독 교사에게만 교권이라는 단어가 붙는다. 같은 논리라면 학생권/직원권/교장권/학부모권 등의 단어도 나와야 하는 것이다.

학교는 교사와 학생이라는 '서로 개별적인 인간'이 각자의 위치에서 법적 권한과 권리를 가지고 가르침과 배움을 통해 교육이 이루어지는 공간이다. 따라서 서로의 인권을 존중하고 보호하기 위해 노력해야 하는 곳이기도 하다.

인간의 기본적 권리의 영역에서 인권은 누군가의 권리가 보장되면 누군가의 권리가 빼앗기는 제로섬게임이 아니다. 즉 학생의 권리가 보장되면 교사의 권리가 빼앗기는 것이 아니라 학교는 교사/학생 모 두 함께 기본권이 보장되는 공간이어야 한다는 것이다.

하지만 교사에게는 보장되는 권리가 학생에게는 상당부분 제약되 는 곳이 현재 학교의 또 다른 모습이기도 하다. 교사들끼리는 폭력을 행사하지 않지만 학생에게는 체벌이 공공연히 행해지고, 수업시간에 휴대폰이나 전자기기를 사용하지 않는 것이 서로에 대한 예의이지만 사용할지 모른다는 예방차원에서 학생의 휴대폰을 압수하기도 한다. 본인 의사와 상관없는 반성문이 강요되기도 하고, 사상과 양심·종교 의 자유가 빈번히 제한되며, 학칙에 근거하지 않은 학생에 대한 유무 형의 차별도 여전히 존재한다.

학생에게 가해지는 차별을 똑같이 교사에게 적용한다고 하면 과연 이해하고 수용할 수 있는 교사가 몇이나 있을까?

학교는 서로의 인권을 존중하고 차별하지 않는 곳이어야 한다. 교사에게 인간적으로 당연한 것이 학생에게도 적용되어야 하며, 교사는 학생에게, 학생도 교사에게 인권적으로 서로를 인정하고 대우해주어야 하는 것이다.

사례2. 한국교총 보도자료(2013. 1. 25.)

서울학생인권조례 시행 1년… 교실붕괴, 교권추락의 확대 및 고착화된 시기

– '서울학생인권조례 시행 1년' 에 대한 교총 입장 –

인권조례 시행 이후 교사의 정당한 생활지도마저 거부하는 문제행동 학생들이 증가함에 따라 학생들의 학습권과 교권이 침해되는 심각한 부정적 현상이 확산, 고착화되는 결과가 나타나 그야말로 ▲교실붕괴 ▲교권추락 ▲학생생활지도의 어려움이라는 3대악 현상이 심화된 시기로 평가된다. 특히 안타까운 점은 신뢰와 믿음으로 형성되어야 할 사제간 관계를 학생인권조례, 교권보호조례식의 권리 다툼형태로 제도화시키고 교육과 학교의 문제를 조례로 해결하겠다는 '조례만능주의' 인식을 확산시키는 등 교육적 병폐 또한 크다.

특히, 학생인권조례를 지지하는 측에서는 교권침해 사건이 꾸준히 증가하는 현상을 감안할 때 교권추락이 학생인권조례와 직접적 인과관계가 없다고 주장하거나 과도기적 현상이라고 애써 외면하고 있지만 이는 손바닥으로 하늘을 가리는 격이다. 학생인권조례 시행 이전과 이후의 교권침해 사건의 폭증은 국회 감사자료 및 경기도 교육청 행정사무 감사자료, 연이어 터지는 학생에 의한 교사 폭언, 폭행사건에서 이를 입증하고 있기 때문이다.

학생인권조례는 문제가 없는 것이 아니라 문제가 심각하다. 자신만의 권리를 주장하고 행하는 잘못된 인권인식은 여타 학생의 학습권과 교사의 교권을 무너뜨리게 된다.

서울 및 경기도와 전북을 비롯하여 학생인권조례를 제정하려 하거나 실제 운영하는 모든 지역에서 조례제정에 반대하는 입장을 가진 사람들의 가장 주요한 반대 논거 중의 하나가 "학생인권을 보장하면 교권이 추락한다."는 것이었다. 하지만 조금만 냉철히 생각해보면 이 것이 얼마나 당황스러운 주장인지 단박에 알 수 있다. 그 주장 속에서 교권은 권리와 권한을 의미하는 것이 아니라 '교사에게 감히~'를 기저에 깔고 있는 권위를 의미하기 때문이다.

교사에게 인권이 당연히 보장되어야 하듯이 학생에게 사생활의 자유와 차별받지 않을 권리, 사상·종교·양심의 자유 등 인간으로서 기본권을 보장하는 것이 어떻게 상호 충돌할 수 있는가?

학교를 태어날 때부터 누구나 가지고 있는 권리를 가진 인간들이 모여 서로 권한과 역할 속에서 생활하는 곳으로 생각하지 않고, 교사의 권한은 신성한 것이고 교사의 지도는 대개의 경우 정당하며 학생이기 때문에 제약받는 것이 당연하다는 차별적 시각을 바탕으로 한 낮은 인권감수성을 가지고 있기에 그런 주장을 할 수 있는 것이리라. 그렇다면 그들이 주장하는 것처럼 정말 교사들은 학생들에게 심각한 인권침해를 당하고 있는 것일까? 만일 그렇다면 그 해결방법으로 학생들의 인권을 제약하면서 교사의 인권을 보장하는 것이 교육적으로 맞는 지도방식일까?

이제 근본적인 질문을 해봐야 한다. 교사들은 어떨 때 교사의 권한과 권리, 교육권이 침해받고 있다고 느끼는 것일까?

〈참교육연구소〉 교권침해와 해결방안 설문조사

참교육연구소에서 2010년 전국의 교사 1478명을 대상으로 설문 분석한 결과를 보면 교사들이 교권을 침해받고 있는 주요인으로는 '교과부의 잘못된 정책과 학교관리자들의 비민주적 학교운영'이라는 응답이 나타났고, 이에 대한 해결방안으로는 '비민주적 학교운영과 교육행정 개선, 교육적 자율성 인정'이 나타났다.

○ 누구로부터 교권침해를 받는다고 생각하는가?

	매우 그렇다	그렇다	그렇지 않은 편이다	전혀 그렇지 않다
교육과학기술부	52.5%	34.6%	12.0%	0.9%
교육청	40.2%	43.3%	15.6%	0.9%
학교관리자	36.7%	40.5%	20.7%	2.1%
학부모	18.4%	43.8%	33.4%	2.2%
학생	10.2%	29.6%	44.1%	16.0%

○ 학교에서 교사의 권리를 보장하기 위해 가장 필요한 것은 무엇인가?

학생에 대한 통제 강화	비민주적 학교 운영과 교육행정 개선	교사의 기본적 권리와 교육적 자율성 인정
3.0%	60.9%	69.4%
교육예산 확대 및 지원 강화	입시경쟁교육의 해소	학교가 책임지는 민원 창구 개설
5.3%	38.2%	4.4%

___

사례3. 전교조 전북지부 보도자료(2012. 6. 27.)

전북도내 교사들 700여 명을 상대로 한 설문조사 결과 교사들의 교권을 가장 많이 침해하는 것으로는 교과부와 도교육청의 잘못된 정책(40%), 학교장의 독단적 학교운영(26%), 학부모(28%), 학생(8%)으로 나타났다. 이는 학생에 의한 교권침해가 심각하다는 일부 보수언론의 과도한 주장과 달리 교사들은 오히려 잘못된 정책이나 학교장의 비민주적 운영에 더 괴로워하고 있다는 것을 나타내는 것이다.

—

  위의 결과와 사례에서 보듯이 교권침해를 학생들과 교사들 사이의 문제로 보는 통념과는 달리, 교사들은 교권을 침해하는 주체로 교육부/교육청 등 국가기관이나 학교의 관리자를 더 많이 꼽았다. 이는 학생인권과 교권을 대립되는 것으로 보는 논의가 잘못되었음을 보여준다는 점에서 의미심장하다.

  또한 교권을 보장하기 위해서는 교사의 기본적 권리와 교육적 자율성을 인정해야 한다는 답변 다음으로 비민주적인 학교운영, 교육행정 시스템을 바꿔야 한다는 답변이 많고, 또 입시경쟁교육을 해소하는 것도 교권을 보장하기 위해 필요한 것으로 많이 꼽혔다. 학생에 대한 통제를 강화해야 교권이 보장된다는 답변이 3.0%로 아주 적다는 것은 학생인권을 보장하는 것이 교권을 침해하거나 저해하는 것이 될 수 없음을 보여주는 결과인 것이다.

  즉 교권이란 감정에 기반한 '교사의 권위'를 의미하는 것이 아니라 '교사의 권리, 권한, 교육권'으로 보는 것이 타당하며, 이랬을 때 합리적인 교육철학 수립이 가능하고 인권이 보장되는 학교 만들기를 위한 교육과정과 생활지도가 이루어지는 것이다.

3

인권이 보장되는 학교 만들기: 다양한 이슈와 사례

1. 체벌(신체의 자유)

출처 – 전북학생인권교육센터

학교에서 때려가면서 가르쳐야 할 내용이 있는가? 또 가르치는 내용이 때려가면서까지 해야 할 만큼 중요한 것인가? 학교 인권을 이야기할 때 제일 많은 반발과 논란을 부르는 것이 바로 체벌문제이다.

사례1. 정말 부족한 건 교사의 낮은 인권감수성(전북학생인권조례제정운동본부 활동가의 경험담)

처음 학생인권조례를 제정하려고 노력하던 때 일하는 사무실로 항의전화가 참 많이도 걸려왔었고 그중 상당수는 부끄럽게도 교사였어요.

"요새 누가 과하게 체벌을 한다고 하느냐? 체벌을 금지한다고 하는데 어디까지를 체벌로 봐야 하느냐?"

"요즘 아이들 지도하는 게 보통 어려운 게 아닌 걸 모르느냐. 이런 상황에서 체벌을 금지한다고 하면 대체 지도수단은 뭐냐? 대책 없이 체벌만 금지한다고 하면 교사들에게 아이들 지도를 손 놓으라는 말과 다르지 않다."

이런 내용이 주요한 항의요지였습니다.

사례2. ○○시 ○○사립 고등학교 일부 학생들의 인식

과도로 학생을 체벌하여 상해를 입혔던 사건이 언론에 불거지고 결국 해당 교사는 형사고발을 당하게 되었다. 이 사건에 대해 도교육청이 조사를 진행하면서 해당 학교 학생들에게도 이 사건과 관련한 설문조사를 실시했다.

"과도를 휘두른 것도 아니고 툭툭 건드리다 상처가 난 것인데 그냥 좋게 넘어갈 수도 있는 것 아니냐."

"잘못한 애들은 맞아야 한다. 그 정도 체벌을 가지고 사건화한 그 녀석들이 문제다."

"이 정도는 약과다. 우리는 더 맞았고 그래도 별 일 없이 지나갔다."

이 사건에 대해 해당 학교의 상당수 학생들에게서 나온 반응이었다.

사례3. 어느 교사의 항변

"요새는요. 학생들에게 체벌을 가하면 즉시 학부모에게서 항의가 와요. 민원도 넣구요. 그런데 그 학생이 학원에 가서는 학습능력이 부족하거나 숙제를 안 해 왔을 때 학원선생님께 좀 심하게 맞는대요. 재미있는 건 학부모가 그 학원이나 학원선생님께는 문제제기를 하지 않는다는 거죠.

　학교는 그저 사고나 불이익 없이 다니기만 하는 곳이고 정작 공부를 가르쳐주 는 곳은 학원이라고 생각하면서 성적향상을 위해서는 학원에서 때려도 불만이 없 는 거죠."

━

　체벌이란 신체나 도구를 이용하여 학생에게 신체적·정신적 타격을 주는 행위뿐만 아니라 신체적·정신적 고통을 주기 위한 목적으로 행 해지는 모든 행위를 말한다. 체벌이야말로 학생을 성인보다 낮은 지 위로 보는 현실을 가장 극명히 보여주는 인권문제이다. 이는 학생을 인격적으로 바라봐야 하고, 그간의 지도방식을 바꿔야 하는 이유이 며, 우리가 학교를 인권이 보장되는 문화의 공간으로 변화시켜야 하 는 이유이기도 하다.

체벌의 역사

그동안 우리 교육의 중요한 키워드의 하나였던 지도편달(指導鞭撻, 따뜻한 채찍의 가르침), 교편(敎鞭, 가르칠 때 사용하는 막대기)에서 보듯 유교사상의 영향을 받은 한국 교육은 교사의 체벌에 대해 비교적 관

대한 입장을 취해왔다. 또한 아직도 많은 교사들이 "체벌은 필요악
이다"라는 말을 많이 한다. 즉 아이들의 문제행동을 교정하거나 다
른 아이들을 심하게 괴롭히는 아이에게 체벌은 어쩔 수 없는 방법의
하나라는 이야기이다. 사람에게 형벌로 매를 이용하는 것은 근대 이
후에 거의 대부분의 나라에서 사라졌지만 아직도 학생들을 훈육하는
유용한 지도수단으로 꾸준히 사용되고 있다.

실제 우리나라에서 체벌의 역
사를 거슬러 올라가보면, 조선
시대 서당의 풍경을 그린 김홍도
의 풍속화에는 회초리로 훈육하
는 훈장의 모습과 울상으로 앉
아있는 학생의 모습이 담겨있다.
이는 조선시대의 대표적 교육기
관인 서당교육에서 학생 훈육의
수단으로 체벌이 보편적이었음
을 알 수 있는 사례이기도 하다.

김홍도, 서당

또한 조선시대의 사부학당에서는 숙제를 해오지 않거나 교관에게 경
의를 표하지 않은 학생들에게 벌을 주는 교형도 있었다. 그런가 하면
성균관에서는 잘못을 저지른 유생에게 벌을 주는 수가동법을 시행했
다는 것이 기록으로 남아있다.

이러한 역사의 흐름 속에 체벌은 언젠가부터 '사랑의 매'라는 미명
하에 가정, 학교, 사회에서 폭넓게 사용되어 왔다. 그러다가 일제강
점기에 들어서서 회초리에 의한 체벌 외에도 막대기로 체벌하거나 군
국주의 교육의 영향을 받은 군대식 혹은 단체 벌이 횡행했다. 하지만
해방 이후 미국의 진보주의 교육사조가 들어오면서 엄격한 체벌중심

의 훈육방식에 문제를 제기하는 교육자들이 생겨났고, 군사정권의 장기집권 시대가 막을 내리면서 민주사회 국민의 인권에 대한 관심은 결국 미성년자인 학생들에게까지 영향을 미치게 되었다.

이후 현대에 들어와 1997년 대통령자문기구인 교육개혁위원회에서 교육부에 학생 체벌을 금지하는 내용을 교육법에 명시할 것을 건의했고, 1998년 공포된 초·중등교육법 시행령에 "학교의 장은 지도를 하는 때에는 교육상 불가피한 경우를 제외하고는 학생에게 신체적 고통을 가하지 아니하는 훈육 훈계 등의 방법으로 행하여야 한다."라는 규정을 두어 원칙적으로 체벌을 금했다. 하지만 실제로는 교육상 불가피한 경우를 인정하고 있어서 체벌을 완전히 금한 것이라고 보기는 어렵다. 그러던 중 2006년 헌법재판소는 학생체벌에 관한 견해를 발표하면서 "반드시 체벌의 절차를 준수해야 하고, 방법이 적정해야 하며, 정도가 지나치지 않아야" 함을 강조했다.

2010년 2월 김상곤 경기도 교육감이 체벌금지를 명문화한 학생인권조례를 발표한 것을 필두로 하여, 서울, 광주, 전북 등에서도 직접체벌·간접체벌 모두를 금지하는 문제가 교육의 주요 쟁점으로 떠올랐지만, 이에 대응하여 2011년 교육부는 '직접체벌'만 금지하고, 교실 뒤에 서 있기, 운동장 걷기, 팔굽혀펴기 등 '간접체벌'은 허용하는 방침을 정하고, 이후 2011년 3월 개정된 초·중등교육법 시행령 제31조 제8항에 "학교의 장은 지도를 할 때에는 학칙으로 정하는 바에 따라 훈육·훈계 등의 방법으로 하되, 도구, 신체 등을 이용하여 학생의 신체에 고통을 가하는 방법을 사용해서는 아니 된다."라고 규정했다.

우리 교육현장에서 과거처럼 학생에게 폭력을 가하는 사례는 거의 사라졌지만, 아직 관행적으로 학생들의 머리를 툭툭 치거나, 연대책임을 물어 단체 벌을 주거나, 교실이나 복도, 교무실 바닥에 무릎을

꿇고 앉아있게 하거나, 바닥에 엎드려 반성문을 쓰도록 하거나, 엎드려 뻗쳐를 시키는 경우 등 체벌은 여전히 살아있다고 보는 것이 타당하다.

학교 내 체벌의 비인권성에 대한 국가기관의 의견

○ 국가인권위원회의 권고
  – 학교 내 체벌을 금지할 것(2002년)
  – 교사의 학생체벌과 욕설은 인격권 침해(2010년)
  – 간접체벌을 허용하는 초·중등교육법 시행령 제31조 제7항의 내용은 헌법과 아동권리협약에 위배되며 신체에 직접적 고통을 가하지 아니하는 훈육과 훈계 등의 방법이 지나치게 광범위하고 불명확할 뿐만 아니라 그 내용을 특정하기 어렵고, 실제 직접 또는 간접체벌의 경계마저 모호하다. 또한 간접체벌이 상당한 심리적 고통을 야기한다는 점 등에서 직접적으로 가해지는 신체적 고통에 비해 안전하다거나 덜 고통스럽다는 근거도 없다. 따라서 국가인권위원회는 도구나 신체를 이용하지 않는다고 해서 체벌이 지닌 인권침해적 요소나 비교육적 문제가 근본적으로 사라지는 것은 아니므로 간접체벌을 허용하는 규정의 신설은 바람직하지 않다는 의견을 표명(2011년)

○ 대통령 자문 교육개혁위원회(1997.6.2. 보고서)
  – "21세기를 살아가게 될 신세대의 감각에 맞는 효과적인 생활지도 수단이 아니며 교육적 효과보다는 학생의 정신적 상처를 유발시키고 폭력을 재생산하는 부작용을 초래할 수 있으므로 학생의 인간적 존엄성이 존중되는 풍토를 조성하기 위하여 학교 내에서의 체벌을 금지하고 이를 교육 관련법에 반영토록 한다."고 권고

○ 헌법재판소의 결정례(2005헌마 1189)
  – 징계방법으로서의 체벌은 원칙상 허용되지 않고, 기타 지도방법으로서도 훈육·훈계가 원칙이다.

- 벌받을 만한 행동이 반드시 맞을 짓인 것은 아니며, 진정한 벌이나 지도란 학생이 스스로 깨달음을 얻도록 도와주는 것이다. 자칫 심각한 인권침해를 불러올 수 있는 체벌보다 학생의 잘못에 대해 책임을 일깨우고 민주적 가치와 인권의식을 체화시키는 대안적 훈육방법, 효과적인 학급경영기법 및 학생지도능력을 강화하여 개발하는 것이 바로 교육담당자의 직무인 것이다.
- 학생의 교사에 대한 폭력이나 불손한 행동으로 교사의 권위가 실추되는 예가 있음을 들어 체벌의 필요성을 강조하는 견해가 있을 수 있다. 그러나 그와 같은 행위에 대해 징계를 하는 등으로 대처하여 교사의 권익을 보호할 필요가 있고, 또 교사나 다른 학생의 생명과 신체를 보호해야 할 긴급한 사정이 있는 경우에 행해지는 체벌 대상 학생에 대한 신체적 위해는 긴급피난이나 정당방위 등의 법리에 의하여 위법성이 조각될 수도 있다. 체벌로 교사의 권위를 세울 수 있다는 생각은 종래의 뿌리 깊은 권위주의적 사고에 터 잡아 교사의 권위를 그릇된 방법으로 강조한 것이다. 교사의 참된 권위는 학생들에게 신체적 고통을 가하는 데서 나오는 것이 아니라 학생들을 인격의 주체로 대하고 사랑과 관심을 베풀어 지도하려고 노력할 때에 학생들의 마음으로부터 우러나는 것이다.

체벌이 효과는 있나?

과연 체벌의 교육적 효과가 있기는 한 것인가? 체벌이 사라진다면 정말 학교는 교사의 지도권이 상실되고 권위가 추락하는 혼란의 장이 될 것인가?

사례4. 체벌금지 정책 시행 이후((서울시 교육청. 2011년 발표자료)

곽노현 전 서울시 교육감이 체벌금지를 밝힌 2010년 9월 이후 서울시내 중·고교에서 교사에게 폭행과 폭언을 했다가 징계받은 학생 수를 조사한 결과 이전과 비교해 큰 차이가 없는 것으로 나타났다.

(교육청에 따르면 서울시내 중학교 376곳에서 지난해 2학기에 교권침해와 관련해 징계를 받은 학생은 모두 162명으로 1학기의 153명보다 5.8% 늘었다. 2009년 2학기에는 117명으로 같은 해 1학기의 88명보다 32.9% 늘었다. 2008년에는 2학기에 124명이 징계를 받아 같은 해 1학기 77명보다 61.0%나 늘었던 것에 비하면 증가폭은 오히려 줄어든 셈이다.)

—

위의 사례처럼 체벌을 금지하는 정책이 발표되었을 당시 학교현장을 비롯해 사회적으로 많은 논란이 있었다. 체벌의 범위는 어디까지인가? 체벌을 하지 않는다면 교사의 위엄이 서지 않게 되고 교권이 추락하며 학교폭력이 증가할 것이라는 주장이 무색하게도, 결과적으로는 체벌을 금지해서 학교폭력이 늘어난 것이 아니라 오히려 줄어든 것이다. 이는 학교에서 교사에 의한 것이든 학생 상호간이든 폭력은 인정할 수 없다는 인권교육과 교육정책이 일정부분 효과를 발휘한 것으로도 해석할 수 있다. 즉 질서유지를 위해 체벌 등 폭력적인 방식으로 문제에 접근하는 것은 오히려 폭력의 재생산만 유발하게 된다는 것을 증명하는 결과이기도 하다.

실제로 군대나 감옥에서도 체벌을 금지하고 있고 체벌을 가하는 사람에게 처벌을 하고 있지만 체벌이 사라졌다고 해서 군기가 문란해졌다는 이야기를 들어보지 못했다. 그런데 유독 학교에서는 체벌이 사라지면 학교가 혼란스러워질 것이라는 걱정을 하고 있는 것이다. 학교가 군대나 감옥보다 못한 공간인가? 배우는 학생들이기에 때려서라도 가르쳐야 한다는 유교적 사고방식과, "우리 땐 이보다 더 맞으며 자랐어."라며 자신의 폭력 경험을 대물림하는 것은 아닐까?

과거에 성인에게 행해지던 태형이 금지된 이유는 태형이 인간의 존엄을 무시하는 형벌이기 때문이다. 마찬가지로 학생들에게 체벌을 가하는 것은 학생들의 존엄성을 훼손하는 것이다. 교사들도 학생시절에 체벌의 피해자였다면 이제 그 악순환의 고리를 끊고 체벌이 아닌 다른 대체 지도방법을 찾기 위한 노력을 해야 하는 것이 아닐까?

체벌 말고 다른 지도방법을 찾아야

출처 – 전북학생인권교육센터

인권은 자유와 평등을 핵심 가치로 하고 있다. 자유란 자신이 하고 싶은 일을 마음껏 할 수 있는 것이지만 반드시 유의해야 할 것은 타인의 자유를 침해하는 자유란 없다는 점이다. 즉 타인의 자유와 권리를 침해했을 경우 그에 대한 책임에서마저 자유로울 수는 없다는 것이다. 학교에서 학생이 부적절한 행동을 했을 경우 그에 대해 적당한 방법으로 지도하고 교육하는 과정은 매우 중요하다. 또한 그 행동에 책임을 져야 하는 상황이라면 당연히 단호하게 책임을 물어야 한다. 다만 책임을 묻는 과정과 행위 또한 인권적이어야 한다는 것이다. 따라서 책임을 묻기 위해 신체적 폭력을 가하는 것은 인정받기 어려운 인권침해 행위인 것이다.

체벌을 대체할 수단을 고민하기 이전에 학교에서는 모든 종류의 폭력을 거부하는 문화가 조성되는 것이 가장 중요하다. 즉 체벌을 필요악으로 생각하기에 앞서 교실과 학교에서 평화를 선언하는 것이 필요하다는 것이다.

학생/교사/학부모/관리자/교육행정의 영역에서 상호간에 폭력과 군림의 모습이 아니라 평등과 평화의 모습이 정착된다면 학교폭력이란 말도 사라질 것이다. 또한 어른들은 아이들이 시행착오를 할 수 있지만 적어도 자신의 삶에서 당당한 주체가 될 수 있다는 것을 인정해주는 관점이 필요하다.

현재 우리 교육에서 연구하고 있는 체벌 대체방안은 크게 보아 폭력 없는 평화협력 학교 만들기, 학생생활 평점제(그린마일리지), 학생자치법정, 체벌대체모형 등으로 나눌 수 있다. 이중 교육철학적으로 인권과 관련해 가장 주목해볼 만한 것은 평화협력 학교 만들기라 할 수 있다. 이 대체방안은 체벌을 통한 문제해결을 넘어서서 교육과 학교가 나아갈 방향을 인권적으로 돌아보고, 민주적 절차를 통해 학생생활규정을 개정하여 교육 공동체 구성원 모두가 철저히 준수하도록 하며, 학생들 스스로 학교생활에 대해 공동으로 책임질 수 있는 환경을 조성하는 등 생활교육 지향 협력체계를 구축해나가는 것을 그 주요 내용으로 하고 있다.

인권이 보장되는 평화협력 학교 만들기에서는 체벌은 반인권적이고 비교육적이어서 마땅히 금지된다고 보고, 교사의 교육권과 학생의 학습권을 보장하고, 학생의 반성적 성찰을 유도할 수 있는 생활교육의 방법을 권장한다. 예를 들어 동료 학생의 학습권과 교사의 정당한 교육활동을 보장하기 위하여 문제를 일으키는 학생에 대해 일시적 제재 행위(자리에서 일으켜 세우기, 바른 자세 요구하기, 교실 앞이나 뒤로 이동시키기 등), 사제동행의 신체적 훈육(산행, 운동장 걷기, 노작활동 등), 교사 교육활동 보조하기, 등굣길 안전지킴이, 급식 도우미, 방과후 잔류 지도, 환경정화, 캠페인 활동, 특별과제 부여 등을 권장한다. 또한 경우에 따라서는 학생을 교실에서 분리조치 후 대안교실로 이동 조치하는 방법도 포함된다.

또한 평화협력 학교 만들기에서는 주요한 실천 방향으로 학교 생활규정의 민주적 제·개정 및 운영을 요구한다.

이를 수행하기 위해서는 1단계로 민주적 의견 수렴 절차를 통한 규정 제·개정을 해야 한다. 규정의 정당성 확보 및 준수 의지를 높이기 위해서는 반드시 학교 구성원들의 의견을 설문지나 공청회 등을 통해 실질적으로 수렴하고 규칙에 대해 공유하는 절차를 거치도록 한다.

2단계는 제·개정된 학교 생활규정을 교사/학생/학부모 모두를 대상으로 안내 및 홍보, 교육을 하여 인식의 저변을 확대해나가는 과정이다.

3단계는 학교 생활규정을 합리적이고 공정하게 집행하는 단계이다. 이 단계에서 교사는 규정을 자의적으로 판단하여 적용해서는 안

되고, 규정 본래의 취지와 의미에 맞게 일관성 있고 공정한 절차에 따라 집행해야 한다. 교사에게 있어 안정적인 교육활동을 위해 질서유지는 필수적인 조건일 수 있지만 학생의 본질적인 인권을 침해할 경우 질서유지의 정당성은 인정되지 않는다.

4단계는 평가 및 피드백이다. 학교에서는 학교 생활규정의 집행과정을 상시적으로 모니터링하여 필요할 경우 다음 개정사항에 반영하거나 재개정하는 절차를 밟는다.

이러한 과정을 통해 학교 공동체 구성원 스스로 서로의 인권을 존중하고 자신의 인권을 지켜가는 방식을 배우는 것을 주요한 교육목표로 삼는 것이다.

그 밖에 그린마일리지 시스템은 체벌에 반대하고 인권적인 지도방법을 채택하여 자신의 행동에 대한 책임을 지는 학교문화 조성 등을 도입 취지로 하여 현재 다수의 학교에서 채택하고 있는 방식이지만 오히려 교사의 자의적이거나 일관성 없는 상·벌점 부여 등의 부작용으로 정작 학생 당사자들에게는 상당한 불만을 사고 있다.

더불어 상벌점제의 긍정적 취지에 기반하여 서울시 교육청은 학생 체벌 전면금지 조치 발표 후, 2010년 9월 후속조치로 학생 생활지도 매뉴얼을 발표하기도 했다.

학생 생활지도 매뉴얼(서울시 교육청, 2010)

유형	이렇게 지도해 보세요	그래도 안 될 때는
학교 내 배회	• 이른 등교 시 자습하도록 지도 • 일찍 등교해 배회하는 사유서 쓰기	• 등하교 시간을 정해주고 지키도록 지도 • 아침학습 계획표 쓰기
지각	• 재미있는 학급별 아침 프로그램 만들어 동기부여 • 지각 원인 파악해 예방지도	• 일정 횟수 이상 지각 시 벌점 • 집단 상담, 학부모 상담
용의복장 규정위반	• 용의복장 규정 충분히 안내 • 학생이 동의하는 날짜까지 시간을 주고 스스로 바꾸도록	• 벌점 부여, 캠페인 및 봉사활동 참여 • 성찰교실 참여, 학부모 전화상담
교문 외 학교출입	• 담 넘기 예방 경고판 설치 • 배움터 지킴이와 학교주변 순시	• 벌점 부여, 성찰교실 참여, 캠페인 및 봉사활동 참여
음주 및 흡연	• 음주 및 흡연의 위험성을 알리고 예방교육 • 음주 및 흡연 측정기 활용	• 벌점 부여, 성찰교실 참여, 캠페인 및 봉사활동 참여, 흡연 및 음주의 폐해 발표하기
교사에 대한 불손한 언행	• 현장에서 즉시 지도는 삼가고 별도 장소에서 상담 • 학생 공개 사과로 교권 회복	• 벌점 부여, 분노조절 프로그램 운영, 전문 상담기관 연계
학습태도 불량행동	• 불필요한 물건은 가방에 넣도록 • 내가 선생님이라면 뭐라고 하고 싶은지 써보기 • 뒤로 나가 서 있도록 하고 교과내용 질문에 답하면 돌아오도록	• 벌점 부여, 성찰교실 참여 • 자아발견 프로그램, 바른 학습태도 기르는 방법 찾기, 명문대 진학생 소감문 찾아 읽기
수업지도 방해 행동	• 떠드는 원인 파악하고 심하면 자리 이동하도록 하기 • 수업 방해하지 않겠다는 반성문 받기	• 벌점 부여, 성찰교실 참여 • 자기주도학습하도록 지도
학교 및 타인 물품 파손	• 1년 단위로 책걸상 실명제 운용 • 원상회복 안 될 경우 변상조치, 반성문 작성하기	• 벌점 부여, 성찰교실 참여 • 집단 상담 참여, 상대방 입장에서 생각해보기
실내에서 위험한 장난	• 안전교육, 사전예방 조치 • 모든 교육활동에 교사가 임장 지도하도록	• 벌점 부여, 성찰교실 참여 • 놀이의 위험성 및 생명존중 관련 교육, 장난이 큰 사고로 이어진 사례 교육
수업시간 무단 이탈	• 문제원인이 무엇인지 파악 • 학습욕구 및 동기부여	• 벌점 부여, 성찰교실 참여 • 시간의 소중함 지도, 자기주도학습 지도

2. 차별(차이를 차별하지 말라)

인권존중은 가까운 곳에서 시작되어야 하고,
누구의 인권이든 언제 어디서든 존중되어야 한다.

_ 김용석

일반적으로 차별이란 특정한
사안에서 동일하다고 생각되는
다수의 집단에 대해 각각 다른
기준을 적용하여 달리 취급하는
경우를 의미한다. 일상적으로 차

별이 일어나는 중요한 이유는 서로의 차이점을 인정하고 이를 존중하
는 문화가 부족하기 때문이라 할 수 있다.

교육에서 차별이란 어떠한 사람 또는 집단에 대하여 일정 유형이나
단계의 교육에 관한 접근을 배제시키는 것, 저급한 수준의 교육에만
한정시키는 것, 인간의 존엄과 양립할 수 없는 조건을 부과하는 것
등을 말한다. 이러한 차별을 방지하기 위하여 대한민국 헌법 등 여러
법에서는 어떠한 차별도 받지 않도록 규정하고 있다.

또한 국가인권위원회법 제2조 제3항에서는 "평등권 침해의 차별행
위란 합리적인 이유 없이 성별, 종교, 장애, 나이, 사회적 신분, 출신
지역(출생지, 등록기준지, 성년이 되기 전의 주된 거주지 등을 말한다), 출
신 국가, 출신 민족, 용모 등 신체 조건, 기혼·미혼·별거·이혼·사
별·재혼·사실혼 등 혼인 여부, 임신 또는 출산, 가족 형태 또는 가족
상황, 인종, 피부색, 사상 또는 정치적 의견, 형의 효력이 실효된 전과
(前科), 성적(性的) 지향, 학력, 병력 등"으로 규정하고 있기도 하다.

그럼에도 불구하고 여전히 학교에는 다양한 형태의 차별이 존재한다. 사례를 분석해보면 교사의 경우 악의적으로 차별을 하는 경우는 거의 사라졌으나, 낮은 인권감수성에 기인하여 차별행위인지 모르는 채 과거의 방식을 답습하면서 발생한 경우가 많다. 교사라면 어느 누구도 차별 문제를 피할 수 없다. 학생들이 자신이 처한 조건을 넘어서서 자신이 충분히 능력이 있고 배려하는 사람이 될 수 있음을 알게끔 적절하고 정확한 정보를 제공해서 가르쳐야 한다. 하지만 이보다 훨씬 중요한 것은 교사 스스로도 다른 사람들과 마찬가지로 자기 자신도 가지고 있을지 모르는 편견과 차별적 태도를 경계해야 한다는 점이다. 교사는 자기성찰이라는 무거운 개인적 책임을 지고 있다. 편견을 발견하지 못하면 그 편견이 없어지지 않고 차세대에 영향을 미치게 되기 때문이다.

또한 학생의 경우 구별 짓기를 통한 차별이 많이 발생하고 있다. 외모를 보고 놀린다거나 다문화 학생에 대해 차별을 하거나 '은따', '왕따' 등도 폭력이면서 차별의 일종이라 할 수 있다. 이를 극복하기 위해서는 차이를 차별하는 것이 아니라 차이와 차별을 구분하고 어떤 것이 차별인지 인식할 수 있도록 교육기회가 확대되어야 하고 학교 구성원 모두가 이에 대한 감수성을 키워가는 노력이 필요하다.

남자와 여자는 다른가? 성별에 의한 차별

남학생과 여학생의 신체적, 심리적 차이를 이해하고 그 차이를 극복하기 위한 합리적 교육방식은 차별행위라고 할 수 없다. 하지만 교사들이 무의식적으로라도 전통적 사고에 기반하여 남학생과 여학생의

남원 ○○초등학교 6학년 1반의 가나다순으로 번호를 부여한 학급명렬표

순	이름	성별			
1	강병○	남			
2	권진○	여			
3	권진○	여			
4	김건○	남			
5	김은○	여			
6	김지○	여			
7	박우○	남			
8	박우○	남			
9	박정○	남			
10	변문○	여			

성역할을 분리하여 교육하는 것은 어린 학생들에게 불합리한 남녀차별 의식을 심어줄 수 있기 때문에 지양해야 한다. 예를 들어 남녀 간의 고정적 성역할만 강조하기보다는 아동의 성향을 이해하고 다양한 사회적 위치에서 각자의 능력에 부합하는 역할을 수행할 수 있음을 이해하도록 역할극에서도 공평한 기회를 주는 것이 바람직하다.

___

사례1. 국가인권위원회(2005. 9. 28. 결정)

초등학교 출석부상 번호 부여 시 차별

○○초등학교에서는 출석부 번호를 남학생에게는 1번부터 부여하고, 여학생에게는 남학생에 번호를 모두 부여한 후 대략 30번부터 부여하고 있는바, 이 사안에 대해 남학생에게 앞 번호를 여학생에게 뒤 번호를 부여하는 관행은 어린 시절

부터 남성이 여성보다 우선한다는 생각을 무의식적으로 갖게 할 수 있고, 남학생에게는 적극적인 자세를 여학생에게는 소극적인 자세를 갖게 할 수 있으므로 성차별적이라고 판단했다. 또한, 해당 초등학교의 '남녀학생을 구분하여 관리하는 것이 편리하다'는 주장에 대해서는 이와 같은 성차별적 관행이 초래하는 폐해와 행정적 편의를 비교할 때 결코 행정적 편의가 우위일 수 없으며, 상시적인 성별 구분관리의 필요성에도 동의하기 어렵다고 하면서, 행정적 편리함은 성별에 따른 차별을 정당화하는 예외사유로 인정되지 아니한다고 보아 위와 같은 관행은 여학생들의 평등권을 침해한 것으로 판단했다.

—

피부색이 다르면 어떻다고? 문화에 의한 차별

피부색은 지금까지의 인류역사상 사람들을 차별하는 가장 자의적인 방법 중 하나였다. 우리나라도 단일민족국가임을 자랑스레 여기면서 주요하게 가르쳤던 역사가 있었으나, 이제는 다양한 이유로 국제결혼이 증가하기도 하고 학교에서 다문화 학생들의 비중이 계속 늘어가고 있는 추세이다.

—

사례2. 살색 크레파스, 살구색으로 최종확정(2001~2005)

한국산업규격(KS)상 특정 색의 이름을 살색이라 명명하고, 크레파스 및 수채물감 제품 중 특정 색깔의 제품을 살색이라고 표기한 것은 다른 피부색에 대한 차별행위를 조장하는 것이므로 연주황으로 변경했다. 하지만 연주황이라는 표현은 크레파스 및 수채물감을 주로 사용하는 어린이들에게 어려운 한자표기여서 이해하기 어려운 차별행위라는 문제제기로 인해 다시 살구색으로 변경했다.

—

또한 교육정책에서 통용되는 '다문화이해교육'이라는 말은 변경되어야 한다. 애초 한국인이 아닌 외국인을 이해하고 그들의 문화를 이해하며 함께 살아가기 위한 노력이라는 근본적 취지에는 동의하지만 민족적, 언어적 소수민족 또는 원주민 출신의 소수집단이 존재하는 국가에서는 문화적 정체성이 인권문제가 되는 경우도 있으며, 특히 힘이 강한 집단이 자기 집단의 문화를 힘이 약한 집단에게 강요하는 경우가 발생할 수도 있다. 따라서 인권적 관점에서 판단했을 때 다문화이해교육은 협의의 개념으로 축소되거나 이주민에게는 또 다른 인권침해가 될 여지가 크기에 이름을 '문화다양성 교육'으로 변경해야 한다.

다문화 가정 학생이나 학부모를 상담하고, 학생을 지도할 때는 문제 상황이 문화차이로 인한 문제인지 개인의 요인으로 인한 문제인지 구분하여 차별화된 접근을 해야 할 필요가 있다. 개인에게는 잘못이 없는데 문화가 다름으로 인하여 서로 오해하거나 어려움이 생기는 경우가 있다. 예를 들어, 야근을 하는 것이 우리나라에서는 일상적인 일이지만 베트남에서는 남편의 늦은 귀가가 외도의 신호로 해석된다고 한다. 이러한 문화차이를 이해한다면 베트남 출신 이주 여성이 귀가가 늦은 남편에게 보이는 과도하고 민감한 반응을 이해하게 될 것이다. 성장배경과 문화의 차이로 인해 동일한 사건을 서로 다른 판단기준으로 해석하여 발생하는 문제가 바로 문화차이로 인한 문제인 것이다.

문화차이로 인한 문제라고 여겨질 경우 서로를 이해할 수 있도록 충분한 정보를 제공하고 효과적으로 의사소통을 하는 방법을 알려줘야 한다. 주류문화의 변화가 필요한 경우 그에 맞는 활동이 필요할 것이고 개인적인 잘못으로 인한 문제라고 여겨질 경우에는 개인의 변화를 시도해야 할 것이다.

사례3. 마틴 루터 킹 목사의 연설문(1963. 8. 28.)

"나에게는 꿈이 있습니다."

나에게는 꿈이 있습니다. 언젠가 이 나라가 모든 인간은 평등하게 태어났다는 것을 자명한 진실로 받아들이고, 그 진정한 의미를 신조로 살아가게 되는 날이 오리라는 꿈입니다.

언젠가는 조지아 붉은 언덕 위에 옛 노예의 자손들과 옛 주인의 자손들이 형제애의 식탁에 함께 둘러앉는 날이 오리라는 꿈입니다.

언젠가는 불의와 억압의 열기에 신음하던 저 황폐한 미시시피주가 자유와 평등의 오아시스가 될 것이라는 꿈입니다.

나의 네 어린 자녀들이 그들의 피부색이 아니라 그들의 인격으로 평가받는 그런 나라에 살게 되는 날이 오리라는 꿈입니다. … 흑인 소년 소녀들이 백인 소년 소녀들과 손을 잡고 형제 자매처럼 함께 걸어갈 수 있는 날이 오리라는 꿈입니다.

문화다양성 교육을 위한 내용 체계(이동성, 2012 문화다양성 교육추진을 위한 기초연구)

영역/차시			영역별 목표 및 내용
1영역	문화적 민감성 (1~3차시)	영역 목표	• 나와 다른 사람들의 삶과 이야기에 귀 기울일 수 있다. • 주변 사람들의 다양한 삶의 모습을 공감적으로 이해할 수 있다.
		주요 내용	• 국제결혼, 외국인 노동자, 새터민의 가족 이야기 • 장애인, 학습부진아, ADHD, 성차별, 세대차이 등
		관련 질문	• 나와 다른 타자들은 어떠한 삶의 방식을 통해 살아가는가? • 나와 다른 타자들은 어떠한 장점, 단점, 특징을 나타내는가?

계속

영역/차시			영역별 목표 및 내용
2영역	다원적 정체성역할 관점 (4~6차시)	영역 목표	• 나의 성, 나이, 인종, 국가, 계층, 종교, 언어적 특징 등을 솔직하게 이야기할 수 있다.
		주요 내용	• 나의 성, 나이, 인종, 국가, 계층, 지역, 종교, 언어 등의 특성 알기 • 새롭게 발견한 나의 여러 가지 특성 살펴보기
		관련 질문	• 나는 다른 사람과 달리 어떠한 장점이 있는가? • 나는 다른 사람과 달리 어떠한 단점이 있는가? • 나와 다른 사람의 공통점과 차이점은 무엇인가?
3영역	타자와 세계에 대한 감정 이입 (7~9차시)	영역 목표	• 가상으로 설정한 타자의 입장에서 나와 세계를 이야기할 수 있다. • 타자의 입장에서 바라본 나와 세계의 모습을 이해할 수 있다.
		주요 내용	• 가상의 인물을 통해 나의 모습을 새롭게 바라보기 • 가상의 인물을 통해 세계의 모습을 새롭게 바라보기
		관련 질문	• 타자의 눈을 통해 바라본 나의 모습에서 낯설게 발견한 것은 무엇인가? • 타자의 관점과 나의 관점은 어떠한 차이점과 공통점이 있는가?
4영역	평등과 정의 실현을 위한 자아 표현 (10~12차시)	영역 목표	• 자기성찰을 통해 자기 경험을 '체험적 글쓰기'로 쓸 수 있다. • 개인적 이야기를 다양한 문화적 주제에 연결할 수 있다.
		주요 내용	• 낯설게 발견한 나를 통해 과거 경험에 대한 체험적 글쓰기 • 나의 개인적 이야기를 다양한 주제와 관련지어 이야기 구성하기
		관련 질문	• 나의 과거 모습과 경험은 평등과 정의의 관점에서 어떠한 문제점이 있었는가? • 나의 과거 체험들은 다양한 문화적 주제들과 어떻게 연결되는가?
5영역	편견과 차별 해소를 위한 다짐과 실천 (13~15차시)	영역 목표	• 편견과 차별을 줄이기 위한 태도를 가질 수 있다. • 편견과 차별을 해소하기 위한 실천방안을 찾을 수 있다.
		주요 내용	• 나와 친구의 '체험적 글쓰기'에서 드러난 편견과 차별을 해소하는 이야기를 공감적으로 듣기 • 나와 친구들의 이야기를 통해 편견과 차별을 최소화할 수 있는 실천방법 찾아보기
		관련 질문	• 편견과 차별을 줄이기 위한 나와 우리들의 다짐은 무엇인가? • 앞으로 편견과 차별을 줄이기 위한 나와 친구들의 구체적인 실천방법은 무엇인가?

행복은 성적순이 아니잖아요! 성적에 의한 차별

대한민국 헌법 제31조는 "모든 국민은 능력에 따라 균등한 교육을 받을 권리를 가진다."라고 규정하고 있다. 공교육에서 기회의 평등이란 능력에 따라 교육받을 권리를 말하는 것이다. 이때 '능력'이란 단지 국영수로 대표되는 시험 성적이 아니라 교육 대상인 학생의 다양한 잠재적 능력을 의미하는 것이다.

"학교는 교육과정 운영이나 학교의 시설물 이용 등 전반적인 학교 생활에서 성적을 기준으로 학생들을 비교하거나 권리를 제한해서는 안 된다. 즉 각자의 학업성취도나 적성, 취향에 맞는 교육기회를 제공해야 하며 그에 맞게 예산을 사용해야 한다. 학교 교육의 목적은 소수 우수한 학생의 재능과 능력을 개발하는 데에만 맞춰져서는 안 된다. 어른들이 일방적으로 그어놓은 줄 안에 들어간 아이들 역시 행복하지만은 않다. 줄 밖에 있는 아이들에게 미안하지만 언제든 자신도 밀려날 수 있다는 불안과 낯선 경쟁의식을 안고 살아야 한다. 어른들은 선을 그어둘 뿐 아이들이 서로에게 느끼는 위화감과 열패감 따위는 책임지지 않고 있다." (김민아 외. 인권은 대학 가서 누리라구요?)

출처 – 전북학생인권교육센터

사례4. 성적에 의한 급식, 기숙사 배정 등(사교육 걱정 없는 세상. 2014. 10. 30.)

"사립고(ㅈ고교)는 기숙사를 운영한다. 성적순으로 입실한다. 지방 학생도 성적이 안 되면 학교 앞에서 자취한다. 기숙사 안에 CCTV도 설치하여 감독하고 있다. 고3 경우 주말과 휴일 외출도 안 되고 강제 자율학습을 하고 있다."

"모지역 사립 중학교는 반별/누적 성적, 석차, 랭킹을 전부 산출/공개하고 있다."

"연말에 돈이 많이 내려와서 학교는 성적순으로 심화반을 만들어서 무료로 지도해주었다. '심화반'이라는 명칭을 금지하니, '수박반(수능대박반의 약칭)'으로 명칭을 바꾸었다. 교육청 등에서 뭐라 지시를 해도 학교는 그것에 대해 대처해서 피할 수 있는 전략을 기가 막히게 세운다."

"○○중학교 도서관에는 전교 석차 순위로 학생들의 자리가 따로 지정되어 있다. 초등학교 시험 후 점수를 공개적으로 불러주기도 한다."

"ㅅ고교는 일반 인문계 공립고교로서, 전교 30등까지 학교 기숙사를 이용하며, 논술 등 학원 강사 특강 및 여러 특혜를 제공한다. 기숙사동에만 에어컨을 가동한다."

"초등학생 성적표에 학년 석차 표시, 성적표에 분포도 그래프가 있어서 불편했다."

"밥 먹기 전에 문제를 풀게 하고 다 푼 순서대로 급식을 제공했다."

"ㄱ고, ㄷ고는 기숙사를 운영한다. 시험만 치르면 성적순으로 '특반'을 계속 바꾸면서 압박을 준다. 특반이 계속 바뀌니까 엄마들이 성적 유지를 위해 학원을 과도하게 보낸다. 방과후 자습이나 수업에서 특반을 운영하고 있다."

사례5. 성적에 의한 학생회장 출마 제한

반장 자질은 성적순이 아니잖아요(국제신문 2014. 2. 17.)

중·고등학교 학급 임원선거가 대부분 3월에, 일부 고등학교는 2월에 실시된다. 학급 임원선거는 한 학급의 대표자를 투표를 통해 뽑는 것으로, 임원은 리더십, 성실성, 배려심 등 여러 자질을 갖추어야 하는 중요한 자리이다. 그러나 상당수 중고교는 '성적'이라는 틀을 통해 학생들의 참정권을 침해하고 있다. 민주주의 기본 정신을 위배하고 있는 것이다.

많은 학교들은 '당해 학년 학기말 혹은 학년말 각 과목 평균 등급이 4등급(40%) 이내인 자'와 같은 학생회 규칙 조항으로 후보자 자격에 제한을 두고 있고, 심지어 일부 학교는 투표조차 이루어지지 않고 일방적으로 담임선생님이 성적순으로 임명한다. 이런 비민주적 임원선거는 성적이 좋지 않은 학생들의 자신감을 위축시키고 친구끼리의 위화감을 조장하는 등의 부정적인 영향을 미친다.

한편 학교 측이 주장하는 성적 제한 이유는 '성적이 성실성을 어느 정도 반영한다.', '학급 임원선거가 책임감보다는 후보 연설에 의한 일회성 인기투표가 되는 것을 막기 위한 것' 등이라고 한다.

현행 초·중등교육법 제17조(학생자치활동)에 의하면, "학생의 자치 활동은 권장·보호되며, 그 조직 및 운영에 관한 기본적인 사항은 학칙으로 정한다."라고 규정하고 있고, 동법 시행령 제9조(학교규칙의 기재사항) 제1항 제8호에 학교규칙의 기재 사항 중 하나로 "학생자치활동의 조직 및 운영"을 명시하고 있으며, 동 시행령 제30조(학생자치활동의 보장)에 "학교의 장은 법 제17조의 규정에 의한 학생의 자치활동을 권장·보호하기 위하여 필요한 사항을 지원하여야 한다."라고 규정하고 있다.

하지만 실제로 각급 학교 생활규정을 분석해보면 상당수의 학교에서 성적으로 학생회장이나 학급회장 출마 시 자격조건을 제한하는 경우를 볼 수 있다. 또한 성적에 의해 기숙사 입실을 제한하는 경우도 볼 수 있다. 학생은 다양한 가능성을 가진 존재이고 그 가능성을 발현시키기 위해 노력해야 하는 사람들이 교사이며 학교는 그러한 공간이 되어야 한다.

현재의 시험제도가 학생의 지적 능력을 판별하는 유의미한 척도로서 기능하고 있는지도 의문이지만, 그것이 우수하다고 하여 모든 능력이 우수하다고 판별할 그 어떤 증거도 없고, 또한 성적이 낮다고 하여 학생자치활동의 리더십이 떨어진다고 판단할 수도 없는 것이다. 그런데 이러한 성적을 가지고 기숙사 배정이나 학생회장 출마, 학급회장 출마 등의 근거자료로 삼는 것은 합리적 이유가 없는 차별행위라 할 수 있고 민주주의의 근간을 흔드는 반교육적인 행위임에 분명하다.

장애가 죄야? 장애에 의한 차별

장애를 가진 학생과 비장애 학생이 함께 생활하는 학교에서 가장 중요한 것은 차별하지 않는 것을 넘어 장애를 바라보는 시각을 교정해주는 것이어야 하고, 함께 교육받을 권리를 보장해주는 것이어야 한다.

가능하다면 장애/비장애 학생이 함께 활동할 수 있는 기회를 많이 제공해주고, 장애를 바라보는 시선을 신체적 조건이 다른 것으로 이해하고 더불어 함께 사는 삶을 체화해나가는 것이 가장 중요한 학교교육의 목표가 되어야 한다.

사례6. 특수학급과 유치원 간의 갈등

A시 지역 ○○초등학교에는 유치원교실과 특수학급이 한 건물 1층에 위치하고 있다. 어느 날 지적장애를 가지고 있는 특수학급의 한 학생이 유치원 남아의 성기를 만지는 사건이 발생했다. 이에 대해 피해학생의 학부모가 문제제기를 했고, 조사결과 이것이 잘못된 행위인지를 인지하지 못한 가해학생에 대해 재발방지를 위한 교육적 지도와 재발 시 가해학생이 전학을 가는 것으로 가해자와 피해자 학부모가 합의를 하며 마무리되었다. 하지만 얼마 후 비슷한 일이 재발했고 결국 가해학생은 애초 약속대로 특수학교로 전학을 가게 되었다.

하지만 문제는 여기서 끝이 아니었다. 나중에 이 사실을 알게 된 같은 반 유치원 학부모들이 또 다른 문제제기를 한 것이다. 특수학급이 유치원교실 옆에 붙어 있다면 언제든 다른 학생에 의해 재발할 수 있으니 아예 특수학급을 유치원과 동떨어진 다른 곳으로 옮겨줄 것과, 사건이 발생한 장소가 유치원과 특수학급만 공동으로 사용하는 건물 1층 화장실인데, 향후 건물 1층 화장실은 유치원생만 사용할 수 있도록 특수학급 앞을 차단해줄 것을 요구한 것이다.

이러한 요구에 대해 학교는 특수학급의 위치를 옮기는 것은 현실적으로 불가능하고, 차단막을 설치하는 것은 몸이 불편한 특수학급 학생들에게 2층 화장실을 이용할 수밖에 없게 만드는 것이므로 또 다른 차별이 될 수 있고 현행법으로도 불가하다는 입장을 표명했으나 이에 동의하지 못하는 학부모들이 급기야 도교육청에 민원제기를 하기에 이르렀다.

결국 도교육청이 현장 실사를 통해 학부모들의 요구가 과하며 장애인차별금지법 위반의 소지가 있으므로 수용하기 어렵다는 해석을 내려주어 사건은 마무리되었다.

실제로 선천적 장애인은 전체 장애인의 30% 정도이고 나머지는 후천적 장애인이다. 학교에서 행해지는 장애이해교육, 장애체험교육은 언제든 역지사지의 입장에서 바라보고 현재 장애인이 겪고 있는 현실적 어려움을 함께 해결해나가는 실천적 방향으로 정립되어야 할 것이다.

사진은 ○○학교 장애인용 화장실에 붙어있는 표지판이다. 인권강의를 갔을 당시 해당 학교 교사들에게 이 표지판에 두 가지 차

별이 있다고 지적하니 처음에는 이해를 못하는 눈빛이었다. 사진에서 첫 번째 차별은 '장애우'라는 표현이고 둘째는 장애인을 시혜의 대상으로 바라보게 만드는 편견이다.

요즘은 사라지고 있으나 과거 공공기관과 언론매체에서 장애를 가진 사람을 지칭할 때 '장애우'라고 표기하거나 사용하는 경우가 빈번했었다. 장애인복지법 제2조 제1항에 장애인의 정의를 "신체적·정신적 장애로 인하여 장기간에 걸쳐 일상생활 또는 사회생활에 상당한 제약을 받는 자"로 명시하고 있듯이 장애를 가진 사람을 부르는 법정용어는 장애우가 아닌 '장애인'이다.

장애우라고 사용하는 것은 사회에서 격리되고 비정상적인 인간으로 분리되었던 장애인을 보다 친근하게, 보다 인간적으로 보이도록 하기 위한 일련의 노력으로 받아들여지지만, '장애우(障碍友)'라는 표현은 장애인을 비주체적이고 비사회적인 인간으로 형상화하고 구조화하는 단어이다. 장애인을 '장애우'라고 표현해서 마치 장애인에 대한 애정과 관심을 갖고 있는 것처럼 인심 쓰듯 불러보는 것 같다. 하지만 법정용어는 장애인이다. 용어를 바꾸려면 사회적 합

의가 있거나 적어도 장애인 집단 내에서라도 합의가 있어야 할 것이다.

방송인을 가리켜 '방송우'라고 부른다거나 정치인을 가리켜 '정치우'라고는 하지 않는데 왜 장애인을 '장애우'라고 불러야 하는가? 더 이상 장애인을 비주체적이고 비사회적인 인간으로 왜곡하는 '장애우'라는 표현을 써서는 안 될 것이다.

위 두 개의 표식은 장애인을 나타내는 상징에 대한 인식의 전환을 요구하는 것이다. 장애인을 포함한 사회적 약자를 왼쪽 표식처럼 손이 앞으로 나와서 누군가의 도움을 받아야만 하는 시혜의 대상에서, 오른쪽처럼 스스로 움직이는 권리의 주체로 봐야 한다는 것이다.

이제는 장애인의 사회성과 주체성을 확대해나가야 한다. 이는 정치, 문화, 사회, 경제 등 모든 영역에서 진행되어야 하며, 동시에 사회적 관계, 집단의 정체성을 표현하는 단어에서도 시작되어야 한다. 지난 시절 '장애인'의 반대말로 '정상인, 일반인'이란 단어가 사용되기도 하여 장애인들의 마음을 아프게 한 적이 있었다.

냉정히 생각해야 할 것은 표현의 창조가 아니라 동등한 대우인 것이다. 불구자, 병신, 앉은뱅이, 곱추, 벙어리, 애꾸 등으로 불리며 마음 아파했던 사람들의 호칭을 '장애인'으로 바꾸어나갔던 것처럼 더이상 장애인을 '장애우'라고 불러서는 안 될 것이고 그들을 바라보는 시선 또한 시혜의 대상이 아니라 권리의 주체로 자리매김하게 해야 할 것이다.

장애인, 비장애인 모두 사람일 뿐이다. 비장애인이 장애인에 대해 동정과 측은한 마음을 갖자는 것 자체가 잘못된 발상이다. 장애인을 있는 그대로 바라보는 것이 장애인을 도와주는 일이 된다. 그것은 학교교육에서부터 출발해야 한다.

사례7. 학교에서의 장애인 차별, 진짜 '차별'일까?

한국장애인개발원의 '교육에서의 장애차별 예방 매뉴얼' 소개 에이블뉴스(2013. 11. 6)

'장애인차별금지 및 권리구제 등에 관한 법률'이 시행된 지 5년, 법이 시행되면서 장애인의 차별에 관한 국민들의 인식은 점차 개선되고 있다. 하지만 여전히 장애인에 대한 차별로 규정될 수 있는 것들이 무엇인지, 그리고 차별을 하지 않기 위해서 어떻게 해야 하는지 모르는 실정이다.

이에 따라 최근 한국장애인개발원은 '교육에서의 장애차별 예방 매뉴얼'을 발간했다. 매뉴얼 속 사례를 중심으로 장애학생이 자신의 평등권을 제대로 요구하기 위한 힘을 보태고자 한다.

"우리 아이 장애가 혐오스럽나요?"

한 어린이집 원장은 학부모들이 자신들의 영아와 지적 장애를 가진 영아가 같은 어린이집에서 지내는 것을 꺼린다는 이유로 해당 장애영아의 입학을 거부했다.

이 입학 거부 이유는 지적 장애인에 대한 혐오로, 이는 해당 영아가 학부모들이 혐오하는 지적 장애를 가졌다는 사유로 그 영아를 불리하게 대우한 것이다. 만약 이 영아가 지적 장애를 가지지 않았더라면 그래서 학부모들이 그 영아를 혐오하지 않았더라면 어린이집 원장은 영아에 대해 입학 거부라는 불리한 대우를 하지 않았을 것이다.

이때 지적 장애인에 대한 혐오는 그 불리한 대우의 정당한 사유가 될 수 없다. 일반적으로 장애인에 대한 고객, 동료 등의 혐오는 그 장애인을 불리하게 대우하는 데 대한 정당한 사유가 될 수 없다.

그렇다면 반대로 정당한 사유는 무엇일까? 어느 초등학교가 신입생에게 입학과 관련한 서류 제출을 요구하면서 유독 청각장애를 가진 아동에게는 장애로 인한 청각 기능 손상에 대해 의사 소견서를 추가로 제출할 것을 요구했다. 이처럼 다른 학생과는 달리 장애 학생에게만 의사 소견서를 제출하게 한 것은 장애를 이유로 한 불리한 대우에 해당한다. 그런데 학교 측은 이 청각장애 학생에게 맞춤형 교육 교재를 제공하기 위해 청각 기능의 손상 정도를 알아야 했고, 이러한 이유 때문에 그 학생에게 의사 소견서를 제출할 것을 요구했다.

이처럼 학생에게 필요하고 적절한 교육서비스를 제공하기 위해 관련 서류 제출을 별도로 요구하는 것이 불가피할 경우, 추가 서류 요구라는 불리한 대우에는 정당한 사유가 있을 것이다. 다만, 의사 소견서가 맞춤형 교육 교재를 제공하는 데 합리적으로 필요한 것이 아니라면 이는 정당한 사유가 아닐 소지가 있다.

교실에서 차별은 '비일비재'

조리실습을 하면서 가스레인지 조작이 위험하다는 이유로 담당교사가 장애학생의 수업참여를 허락하지 않아 특수교사의 설득이 필요했다. 이처럼 실험도구가 위험하다는 이유로 수업에 참여시키지 않는 경우도 많다. 이 경우, 장애로 인한 가스레인지 조작의 위험이 무엇인지 특정하지 않고 그 위험의 개연성이 어느 정도인지 나름대로의 객관적 판단 없이, 그리고 그 개연성을 낮출 수 있는 인적 보조와 같은 조치를 정당한 편의 차원에서 검토함 없이 수업 참여를 거부하는 것은 차별이다.

이동수업에서도 장애학생들은 차별을 느낀다. 일반학교에서 이동수업이 많거나 학생들이 선택과목을 들어야 하는 경우, 인원이 많으면 장애학생을 빼달라고 하는 경우가 있다. A반에 소속된 장애학생이 선택과목으로 중국어를 신청했는데, 그 과목을 신청한 학생이 많으니 교실이 좁다는 이유로 담당 교사는 특수교사에게 장애학생의 수업신청을 취소해 달라고 요청했다. 이는 명백한 차별이다.

또한 일반학급에서 선도학급 공개수업을 하면 장애학생을 배제시키는 경우가 있다. 심지어 해당 장애학생의 어머니가 참관한 공개수업 시간에 장애학생이 없는 황당한 경우가 발생하기도 했다. 이처럼 공개수업에서 장애학생을 배제시킨 것은 어떠한 이유로도 정당화될 수 없는 차별이다.

반면, 차별이 아닌 경우도 존재한다. 수업 시간 중 자폐성장애를 가진 학생이 분노를 폭발했다. 이 같은 분노폭발로 인해 다른 학생들의 수업에 심각한 지장을 주는 경우에 일정 시간 동안 해당 학생을 다른 학생과 분리시키는 것은 차별이 아닐 소지가 있다. 다만, 이러한 분리 시에 유치원 측은 그 원생에게 적절한 대체수업을 제공해야 한다.

괴롭힘에 대해 구분이 필요해요

정신장애를 가진 중학교 학생이 수업 시간 중 옆의 친구와 다툼을 벌였다. 이에 교사가 해당 학생에게 "병원에 있지 학교에는 왜 왔느냐"라고 조롱조의 말을 하면서 질책을 했다. 해당 학생이 장애인이 아니었더라면 교사는 이러한 표현을 하지 않았을 것이므로 이는 장애를 이유로 한 표현에 해당한다. 또한 이러한 언어는 정신장애인에게는 모욕감을 느끼게 하는 것, 장애인에 대한 괴롭힘에 해당된다.

만약 앞서 예에서 교사가 다툼을 벌인 두 학생에게 "여기가 너희들 안방이냐? 이 나쁜 놈들아!"라고 하면서 입에 담기 어려운, 그러나 장애와 무관한 욕을 했을 때 해당 장애학생이 이 때문에 모욕감을 느끼더라도 이는 장애인에 대한 괴롭힘이 아니다.

괴롭힘은 신체 행위로까지 이어진다. 초등학교에서 아동들이 지체장애로 인해 한쪽 발을 저는 동료 장애아동에 대해 이름 대신에 장애인을 비하하는 말로 부르거나, 장애아동의 신체를 툭 치고 도망가면서 자신들을 잡아보라고 놀리는 행위를 하는 경우, 이는 장애인에 대한 괴롭힘이다. 참고로, 이 예에서 아동들이 지체장애 아동에게 돌을 던지는 행위를 했다면 이는 괴롭힘이 아닌 폭행에 해당할 수 있다. 이러한 폭행은 장애인차별금지법에 의해서뿐 아니라 '형법', '소년법', '학교폭력예방 및 대책에 관한 법률' 등에 규율될 수 있다.

학교에서 장애아동에 대한 괴롭힘이나 폭행이 발생하고 이에 대해 피해를 당한 장애아동이 국가인권위원회에 진정을 하거나 법원에 소를 제기한 경우, 해당 학교가 최근에 이의 방지를 위한 교육을 실시했고, 피해 아동의 고충을 처리하기 위한 제도를 운영하고 있다면 학교 측의 책임은 일정 정도 경감될 소지가 있다.

단, 방지책도 필요하다. 한 중학교 2학년 지적 장애학생은 1학년 때부터 수개월간 같은 반 학생들로부터 폭행 등의 괴롭힘을 당했다. 가해 학생들 중에는 유치원 때부터 같이 다닌 학생도 있었다. 해당 중학교 모 교사는 동료 학생들이 해당 장애학생이 어릴 땐 귀여워서 볼을 꼬집고 놀리기 시작했다가 장애학생이 커서도 저항을 하지 않자 죄의식을 느끼지 못하고 계속한 것 같다고 말했다.

이 사례에서 보듯이 장애학생은 괴롭힘에 대해 저항하지 않는 경향이 있고, 이 때문에 괴롭힘이 지속되고 동시에 폭행 등으로 발전하는 경향이 있다. 이러한 점을 방지하기 위해 교육책임자는 장애학생이 부담을 느끼지 않고 접근해 피해 사실을 토로하고 구제를 받을 수 있는 고충처리 절차를 구축해 운영해야 한다.

이게 정당한 편의 제공, 맞나요?

"휠체어용 책상을 쓰면요, 진짜 소외당하는 느낌이 들어요. 왜냐하면 그 책상은 항상 앞쪽 구석에 있거나 뒤쪽 구석에 있거든요. 그런데 제 친한 친구들은 저쪽에 앉고 싶은데 나 때문에 이쪽으로 오라고 할 수도 없잖아요."

휠체어 사용 장애학생에게 휠체어용 책상을 제공하는 경우, 단지 접근성을 이유로 휠체어용 책상을 교실 또는 강의실 앞이나 뒤 쪽의 구석에 두는 것은 적절하지 않을 소지가 있다. 휠체어용 책상을 배치할 때 이를 이용하는 장애학생이 다른 학생들과 공간적으로 소외되지 않도록 고려해야 한다. 이러한 고려는 정당한 편의에 해당한다.

장애학생 소유의 전동 휠체어가 학교에서 갑자기 고장이 났고 이를 수리하지 않을 경우에 해당 학생은 당장 수업에 참여하지 못한다. 이럴 경우 학교 책임자는 그 고장이 교내에서 쉽게 수리할 수 있는 것이라면 행해야 한다.

교내에서 수리하기가 어려운 고장일 경우에는 장애학생이 외부 수리 센터 등에 연락을 취해 조치를 받을 수 있도록 배려해야 한다. 만약, 그 수리가 상당한 시간을 요할 경우에는 과도한 부담이 되지 않는 범위에서 수동 휠체어 등을 제공해 수업에 임할 수 있도록 조치해야 한다.

단, 장애학생 소유의 전동 휠체어를 교내에서 수리할 때 부속 교체 등으로 인해 상당한 비용이 발생할 경우, 학교 측이 이를 부담할 의무는 없다.

"나는 시각장애 학생인데 시험문제에 '화학구조식을 그리시오'가 나오면 대책이 없다. 대필을 구해도 문제만 읽어줄 뿐이지, 문제까지 풀어달라고 할 수는 없는 거 아닌가. 교수님에게 문제를 해결하기 어렵다고 양해를 구해도 아무런 대안을 주지 않는다."

시각장애 학생은 장애로 인해 화학구조식 같은 그림을 그대로 그리는 학습을 수행하기 어렵다. 그러나 화학구조식의 구조적 특징에 대해서는 학습을 할 수 있다. 따라서 교수는 평소 수업시간에 장애학생을 고려해 화학구조식의 구조적 특성에 대해 강의할 필요가 있으며, 시험을 볼 때 장애학생의 경우에는 그 구조적 특성을 적으라는 문제를 줄 필요가 있다. 이는 정당한 편의다.

엄마랑만 살면 어때서? 가족형태에 의한 차별

한부모 가정은 교육영역에서 특별히 보호하고자 하는 사회적 소수자
이다. 따라서 교육행정의 영역에 있어서도 한부모 가정의 특성을 고려
하여 인권침해나 부당한 차별 행위가 없도록 보다 세심한 배려가 필
요하다.

사례8. 한 부모 가정에게만 가족관계 증명서를 제출하래요.
경기도 학생인권센터에 상담 접수된 사례

"중학교 진학을 앞둔 초등학교 6학년 학생의 보호자입니다. 저는 수년 전 이혼
후 아이를 혼자 키우고 있습니다. 그런데 최근 중학교 배정에 필요하다며 좋은
학군으로의 위장전입 여부를 확인하기 위해 한부모 가정의 원인(이혼, 별거, 사별
등)이 무엇인지를 입증할 서류를 제출하라는 통지를 초등학교와 지역교육청으로
부터 받았습니다. 위장전입을 막는 것도 중요하지만 우리 아이가 이혼 가정의 아
이라는 것이 알려지면 상처를 받지 않을까 걱정입니다.

남에게 공개되는 것이 꺼려지는 모든 사적 영역은 누구든지 그 비
밀을 보장받아야 한다. 특히 심리적으로 감수성이 예민한 학생 시기
에는 가족 관련 개인정보를 보다 강하게 보호해주어야 한다. 따라서
부당한 위장전입을 막기 위한 조치라고는 하나, 한부모 가정에 대해
서만 추가로 그 가족상황에 대한 소명서를 제출하도록 강제하는 것
은 가족상황을 이유로 한 부당한 차별행위에 해당되며, 사생활의 비
밀을 침해할 우려가 있는 과도한 행정행위라고 볼 수 있다.

다행스럽게도 2015년 현재 정부는 결혼하지 않고 임신·출산한 미혼모, 혼자 살며 아이를 키우는 한부모 가정, 혼인 신고를 하지 않고 동거하는 가구 등에 대한 사회적 차별을 금지하고 이를 구제하는 내용의 법 제정을 추진 중이다. 이 법의 내용을 간략히 살펴보면 혼인 여부, 임신 또는 출산, 가족상황 등을 차별금지 대상으로 하고, 특히 교육과 고용 분야에서 혼인·출산·가족관계 등을 이유로 차별을 하지 못하고, 차별이 있을 경우 정해진 기한 내에 시정조치를 취하도록 하는 방안도 담겨 있다. 향후 이 법안이 통과되면 어린이집·유치원과 초·중·고·대학교에서 입학 서류에 가족상황을 묻거나 가족관계 등록부를 제출하는 것이 금지된다. 또 입사서류에서 혼인 여부와 부모·배우자·자녀 여부를 묻거나 가족관계 등록부를 첨부하도록 하는 관행도 금지된다.

　거리에서 흔히 볼 수 있는 표지판의 모습이다. 왼쪽 표지판은 '에스컬레이터는 아이 손을 잡고 타세요.'를 나타내고 오른쪽 표지판은 '엘리베이터를 타는 곳'을 안내해주는 것이다.

　왼쪽 표지판은 아이의 손을 잡는 사람은 여성이거나 엄마라는 편견을 심어줄 수 있고, 오른쪽 표지판은 정상적 가정이란 엄마 아빠가 함께 있는 것이라는 편견을 심어줄 수 있다. 애초 이 표지판을 기획하고 결재하여 제작했던 사람들이 살던 시절에는 큰 문제가 되지 않았을 수도 있으나, 인권의식이 향상되고 인권감수성이 높아질수록 작은 차별문제에도 예민하게 반응하고 개선해나가려는 노력이 반드시 필요하다.

3. 사생활, 개인정보 보호의 자유

대한민국 헌법 제17조는 "모든 국민은 사생활의 비밀과 자유를 침해받지 않는다."라고 규정하고 있다. 사생활과 비밀보호의 법적 성격은 자유권으로 파악되며, 주로 사적 비밀영역과 같은 개인의  사생활의 보호에 중점을 두고 있다. 사생활의 비밀과 자유의 내용으로는 사생활 비밀의 불가침과 사생활 자유의 불가침, 그리고 자기 자신에 관한 정보를 통제할 수 있는 권리를 들 수 있다.

사생활의 자유와 비밀이란 개인은 누구나 자기의 사적 생활을 자유로이 형성, 영위할 수 있으며, 사생활의 비밀에 대하여 부당하게 공개를 강요당하지 않는 권리를 의미한다. 다만 사생활의 비밀과 자유의 제한이 개인의 사생활이 사회공공의 질서 속에서 성립하는 이상 거기에는 일정한 제한과 한계가 있다.

따라서 사생활의 자유는 질서유지·공공복리를 위하여 부득이한 경우에 한하여 법률로써 제한할 수 있도록 되어 있다. 동시에 다른 기본권과 충돌하는 경우에는 그 이익을 비교 형량하여 제한하도록 하고 있는 것이다.

내 소중한 기록을 왜 보고 싶지? 일기장 검사

사례1. 초등학생 일기장 검사에 대한 국가인권위원회의 권고(2005. 3. 25.)

1) 아동의 권리에 관한 협약 등 국제인권기준 및 헌법에서도 인정하고 있듯이 학생, 즉 아동은 교육과 보호의 대상이지만 인권의 주체이기도 하며 학교는 아동이 한 인간으로서 존엄을 지키며 살아갈 수 있도록 그 권리를 적극적으로 존중하여야 함에도 불구하고, 초등학교에서 일기를 강제적으로 작성하게 하고 이를 검사·평가하는 관행은 인격적 존재로서의 아동이 사생활의 내용을 침해받지 아니하고 나아가 자유로운 사적 활동을 영위할 수 있도록 보장하려는 사생활의 비밀과 자유의 취지에 부합하지 않는다.

2) 검사·평가받을 것을 전제로 일기를 작성하도록 함으로써 개인에 대해 그 고유한 양심세계를 보장하고 각자의 고유한 개성과 다양한 윤리적 가치관이 존중될 수 있도록 하는 양심의 자유를 침해할 소지가 있고, 또한 일기장 검사를 통하여 달성하고자 하는 교육적 목적을 달성하기 위해서 인권침해 소지가 없는 다른 방법의 강구가 가능하므로 수단의 적정성도 발견하기 어렵다고 판단하여 교육인적자원부 장관에 대하여 그 개선을 권고한다.

사례2. 어느 교사의 항변

국가인권위 권고나 도교육청의 일기장 검사 금지 공문을 봤어요. 하지만 좀 황당하더라구요. 제가 학교 다닐 때도 일기장 검사를 받았고 신규교사 때부터 지금까지 일기장 검사를 하고 있어요. 일기장 검사를 통해 글쓰기 지도가 이루어지고, 저학년의 경우 맞춤법 등의 첨삭지도가 가능하구요. 또 고학년의 경우는 학급에서 학생들 사이에 발생하는 교사가 알기 어려운 일이나 고민을 적는 학생들도 많아서 생활지도에 상당한 도움을 주는 것이 사실입니다. 솔직히 개별상담을 진행하기 어려운 현재의 교육구조(학급당 학생 수, 과도한 수업시수, 하교 후에 학원이나 방과후 활동으로 사라지는 아이들)상 일기장 검사는 효율적인 상담의 수단으로 활용되기도 하거든요.

—

실제로 상당수의 초등학교 교사들이 일기장을 검사하고 있는 것이 현실이다. 심지어는 일기를 잘 쓰는 어린이를 대상으로 학교장 시상을 하는 경우도 볼 수 있다. 일기장 검사가 인권침해라고 이야기하면 일부 초등학교 교사들은 위의 사례처럼 반박하는데, 이는 일면 일리가 있어 보이기도 한다. 하지만 명확히 해야 할 것은 일기를 쓰는 습관을 기르는 것이 나쁘다는 것이 아니라, 일기를 강제로 쓰게 하고 검사하거나, 알게 된 사실을 공표하는 것이 문제라는 것에 주목해야 한다.

모둠 대화장이나 다른 글쓰기 교육을 통해서 교사와 학생들 간에 대화를 나눌 수 있는 방법은 많이 있다. 간단한 작문 수업을 통해서도 맞춤법지도가 가능하고 개인의 비밀스런 고민을 털어놓을 수 있는 온라인 메신저나 이메일 등 다양한 방법을 찾아보는 등의 대안적 지도방법을 고민해보는 것이 필요하다.

이런 다양한 방법이 있음에도 관행처럼 일기를 꼭 쓰게 하고 검사해야 하는 것인지, 아무리 뜻이 좋아도 방법에서 강제가 동원되고 자신의 숨기고 싶은 것들을 마음껏 쓸 수 없다면 그것은 문제가 아닌지 진지한 고민이 필요하지 않을까?

실제로 글쓰기를 좋아하는 고학년 여학생들의 경우 학교에 제출하는 일기장과 개인일기장을 따로 작성하는 경우도 있다. 이는 학교에 내는 일기를 다분히 검사가 아닌 검열로 인식하고 있는 것이며 오히려 자유로운 글쓰기를 방해하는 것임을 반증하는 것이기도 하다.

인권의 측면에서 교사와 학생은 동일한 인격의 주체로 봐야 한다. 만일 개인 일기를 쓰는 교사에게 학교의 관리자가 "혹시 학교에 비판적인 내용을 적고 있을지 모르니 선생님께서 쓰시는 일기를 매일 확인받으세요."라고 지시를 내린다면 이를 이해하고 순순히 받아들일 교사가 있을까?

사생활의 자유는 학생이라는 이유로 제한받을 이유가 없다. 또한 교육이라는 이름으로 침해해서는 더욱 안 될 일이며 인권침해라는 지적을 받는다면 좀 더 나은 대안적 지도방법을 찾아보는 노력이 필요하다.

휴대폰 수거. 압수?

—

사례3. 학생에게 휴대폰을 허용하라. 인권침해 논란 부른 울산시 조례안(교육희망. 2009. 9. 26.)

"제대로 된 설문조사, 공청회도 없이 경남 교육위원회가 만든 조례 초안을 기초로 더 엄격한 규제안을 만든 셈이지요."

울산시 교육위원회의 휴대폰 금지 조례안으로 울산 교육계가 시끄럽다. 울산시 교육위원회는 지난 9일 학교에서 휴대폰 및 휴대전자기기의 소지와 사용을 제한하는 조례를 입법예고했다.

자기의사 결정권 및 행복권 침해

학생의 휴대폰 소지가 수업에 미치는 부정적 영향을 우려하는 목소리는 늘 있어

왔다. 하지만 국가인권위원회는 이를 금지하는 규정을 한결같이 '인권침해'로 판단하고 재검토를 권고해왔다. 학교 내 휴대폰 소지를 금지한 A중학교의 학교 생활규정에 대해서는 "수업에 방해가 된다는 이유로 휴대폰 소지 자체를 금지시키는 것은 헌법 10조에서 보장하고 있는 자기의사결정권 및 행복추구권을 침해하는 과도한 규제"라면서 수업 중 휴대폰 사용 금지 방향으로 관련 정책을 재검토할 것을 권고했다. 학생들의 휴대폰 수백 개를 압수한 뒤 반환한 B고교 사례에는 "휴대폰 소지 현황 파악을 위해 휴대폰을 수거하거나 내용 기록을 열람할 수 있는 어떠한 근거나 규정도 없고 명백한 헌법 17조의 사생활의 비밀과 자유 및 18조 통신의 자유 등을 침해했다고 볼 수 있다"고 판단했다.

조례 아닌 휴대폰 예절로 접근해야

울산에 앞서 휴대금지 조례를 추진했던 경남은 지난 2009년 9월 16일 도의회 교육사회위원회에서 논란 끝에 심의 보류를 결정했다. 경남 교육위원회가 발의한 '각급 학교 내 학생 휴대폰 관리에 관한 조례안'은 △학교장은 면학분위기 조성 위해 학생이 휴대폰을 가지고 등교하지 않도록 지도 가능 △학생의 휴대폰 소지를 허용한 경우 등교할 때 학교에서 수거했다가 방과후에 반환 가능 △학생 휴대폰 관리 교직원은 동의 없이 학생 휴대폰 통화내역이나 문자 송수신 내용 열람 불가 등의 내용을 명시하고 있다. 도상열 전교조 울산지부 정책실장은 "휴대폰 때문에 생기는 교사와 학생의 갈등 상황은 대화와 토론을 통해 약속을 정한 뒤 실천하고, 이것이 정착되면 자율적으로 휴대폰 예절을 지키는 방향으로 발전하면 되는 것"이라고 일갈했다.

그는 또 "그나마 의견 수렴 과정을 거치며 조례안을 다듬었던 경남과 달리 울산 교육청은 졸속으로 경남 조례의 내용을 따온 뒤 그 내용을 '각급 학교장은 면학분위기 조성을 위해 학생이 휴대폰을 소지하고 등교하는 것을 허용하면 아니 된다'로 강제하거나 '등교할 때 학교에서 수거한 뒤 방과후에 반환'할 수 있다는 내용은 뺐다"고 비판했다.

이에 대해 울산 ㅎ고 교사들은 이 조례에 대한 학급 학생들의 의견서를 교육청에 제출할 예정이다. 이 학교 문명숙 교사는 "휴대폰 금지 조례에 무조건 반대할 줄 알았던 아이들은 교내 휴대폰 소지 금지에 대해서는 반대를, 학생 동의 없이 통화와 문자 송수신 내역을 볼 수 없게 한 내용에는 찬성 입장을 냈다"면서 "아이들은 스스로 상황을 판단할 수 있고 이미 학교에서 규칙을 만들어 적용하고 있다"고 강조했다. 주당 18시간 수업을 하고 있지만 올해 그의 학급에서 전화벨이 울린 것은 단 한 건뿐이었고, 그마저도 아이가 맞춰놓은 알람 소리였다는 것.

"규정은 많을수록 힘들다"는 문 교사는 "조례에 찬성하는 분들의 '휴대폰은 공부에 필요 없는 것', '아이들이 쉬는 시간에 수시로 문자 메시지를 보낸다.'는 등 이야기를 들으며 학력신장에 방해가 되는 것은 용납할 수 없다는 뜻으로 읽혀 씁쓸하다"고 밝혔다.

교육시민단체들의 반발 역시 거세다. 청소년인권행동 '아수나로'는 성명을 내고 "학교에서 관행적으로 일어나는 휴대폰 압수에 제동을 걸어야 할 정부가 이를 조례로 정당화해주고 있다"면서 "면학분위기를 위해 인권침해도 불사하겠다는 이 조례는 입시위주 교육의 폐해를 몸소 증명하는 것일 뿐"이라고 비판했다.

━

휴대폰 사용이 일상화되면서 이제는 초등학생의 상당수도 휴대폰을 소지하고 있고 중등학교에서는 학급별 단체톡방을 개설하여 비상 연락망이나 알림사항을 전달하는 공간으로 활용하기도 한다. 휴대폰을 소지하고 활용하는 것은 자유이나 문제는 학교라는 공간에서 벌어진다. 수업시간에 몰래 게임을 하거나 동의 없이 촬영하거나 심지어 친구와 문자를 주고받기도 하면서 수업에 방해가 되기도 한다. 이에 따라 학교에서는 학칙을 통해 아예 등교하면서 휴대폰을 수거하고 하교 시에 되가져가는 방식을 활용하기도 한다. 그러자 이 학교 저 학교에서 난리가 났다. 휴대폰을 걷었다가 되가져가는 과정에서 없어지는 휴대폰이 생기고, 서로 부딪쳐서 액정이 깨지고, 어떤 아이는 집에 가다가 '아차 휴대폰 안 찾았다' 하면서 교실에 와보니 휴대폰이 없어졌다고 하고. 괜히 담임교사가 학부모에게 미안하다고 사죄하고, 몇 십 만원을 변상해야 하느냐 마느냐 가지고 시끄러운 상황이 벌어지기도 한다.

문제의 본질로 돌아갈 필요가 있다. 휴대폰을 강제로 수거해야 하는가? 엄밀히 말해 사적 소유물이 아닌가? 심지어 ICT교육을 강조하면서 교육기관에서는 수업시간에 휴대폰을 활용해 검색하거나 활용하는 방식도 예시하고 있는 상황에서 말이다. 만일 교육활동 중 휴대폰 사용이 심각하다면 아예 전파차단장치를 설치하는 것은 어떤가?

수업시간에는 교사의 교육권과 학생의 학습권이 공존한다. 그리고 그 권리는 외부에서뿐 아니라 교실 내부 구성원 사이에서도 존중받아야 한다. 한참 수업이 진행되는 와중에 울리는 휴대폰은 교사의 수업권과 학생의 학습권을 침해하는 행위이다. 따라서 이는 적절한 방법으로 제지되고 정당한 방법으로 제재되어야 한다. 하지만 마치 범죄예방을 하겠다는 듯 원천적으로 휴대폰을 수거하는 행위에 대해서는 심각하게 고민해볼 필요가 있다.

교육활동이 진행되는 동안에는 특별한 교육적 목적으로 활용하는 장면이 아닌 이상 휴대폰을 사용하면 안 된다. 이는 교사와 학생 모두에게 적용된다 할 것이다. 그런데 만일 학교관리자가 교사에게 "선생님들이 수업시간에 휴대폰을 사적 용도로 사용할지 모르니 출근하면서 교무실에 보관하고 퇴근할 때 찾아가세요."라고 지시한다면 쉽게 동의할 교사가 있을까? 자신의 사적 소유물은 양심과 상식수준에서 다른 사람에게 피해를 주지 않는 범위에서 자율적으로 사용하는 것이다. 또한 다른 사람에게 피해를 주는 상황이 발생한다면 그것은 그것대로 주의나 벌칙을 받으면 되는 것이다.

사적 소유물의 사용과 자유는 개인의 사생활이 사회공공의 질서 속에서 성립하는 것이므로 질서유지·공공복리를 위하여 부득이한 경우에 한하여 제한할 수 있는 것이 당연하다. 만일 휴대폰 수거가 필요하다면 학교의 구성원들이 합리적 토론과 협의 등을 통해 학칙과 생활규정을 정하고 그에 따른 실천을 해나가는 것이 바람직하다. 이 과정에서 어른들의 일방적인 결정과 통보에 따른 학생들의 강제적 복종의 형식으로 진행되는 것은 휴대폰 사용 금지라는 토끼를 잡기 위해 교육이라는 큰 산을 불태우는 격이 될 수도 있다.

휴대폰 수거와 관련하여 부수적으로 파손 또는 분실 문제가 발생하기도 한다. 만일 휴대폰이 없어졌을 경우 교사 개인이 변상의 책임을 지는 경우는 교사가 '고의 또는 중대한 과실'로 인하여 휴대폰을 분실한 경우로 한정하도록 되어 있다. 하지만 교사가 '고의'로 분실하는 경우는 없으므로 '중대한 과실'이라고 한다면, 예를 들어 휴대폰을 모아서 잘 보관하지 않고 누구나 손을 댈 수 있는 곳에 방치한 경우에는 문제가 될 수 있을 것이다. 하지만 잘 잠가놓은 것을 훔쳐간 경우에는 교사의 '중대한 과실'이라고 할 수 없다.

국가배상법 제2조(배상책임)를 보면 "국가나 지방자치단체는 공무원이 직무를 집행하면서 고의 또는 과실로 법령을 위반하여 타인에게 손해를 입히면 (중략) 이 법에 따라 그 손해를 배상하여야 한다."고 되어 있다. 즉 배상의 주체는 '국가나 지방자치단체'인 것이다. 다만 교사에게 '고의나 중대한 과실'이 있는 경우에는 구상을 청구할 수 있다. 따라서 학교장이 교사들에게 '휴대폰을 수거'하도록 직무명령을 내렸다면, 그로 인하여 발생한 분실사고에 대해 학교의 공금이나 교육청의 예산으로 배상하는 것이 맞다. '고의나 중대한 과실'의 경우를 제외하고 교사 개인이 배상책임을 지는 것은 아니라는 것이다.

사례4. 학교에서 휴대폰 분실 사고 발생 시 대응 방법(교육부)

2014년 1월부터 각급 학교에서 교사가 학생의 휴대폰을 일괄 수거하여 보관하다가 분실한 경우 이를 보상·지원하는 학교배상책임공제사업이 실시되고 있습니다.

교육부의 휴대폰 분실시 보상·지원방안에 따르면, 보상·지원 대상은 학교규칙 등에 따라 교사(敎師)가 학생의 휴대폰(태블릿 PC, MP3 등 포함)을 일괄 수거한 후 다음과 같은 관리자의 주의를 다한 경우 보상·지원을 받을 수 있습니다.

1) 학칙 등에 의하여 교사(敎師)가 일괄 수거하여 보관할 것
2) 휴대폰 등의 보관 장소에 시건 장치 등 보관상태가 양호할 것
3) 수거 및 반환 시는 담당교사가 임장하여 직접 실시할 것
4) 분실물품에 대해서는 학교에서 충분한 조사를 실시할 것(필요시 경찰 신고)

아래와 같은 경우에는 보상하지 않습니다.

- 학칙 등에 의하지 않고 교사 개인이 임의로 판단·보관한 경우
- 휴대폰 등의 보관 장소에 시건 장치 등 보관상태가 불량하거나 개인 서랍 등에 보관한 경우
- 수거 및 반환 시 담당교사가 임장하지 아니한 경우
- 분실물품에 대해 학교의 충분한 조사가 이루어지지 않은 경우
- 조사 후 분실한 물품을 회수한 경우 등
- 학생이 수거 등에 응하지 않고 개인적으로 관리하다가 분실한 경우

보상금액은 휴대폰 제조회사 출고가격을 한도로 감가상각액(3년 : 한국소비자보호원 소비자분쟁해결기준)을 차감한 후 보상하며, 1개교당 최고 보상액은 2천만원까지입니다. 보상절차는 분실사고가 발생하게 되면, 학교에서는 우선 분실신고를 한 뒤 학교 내 '교권보호위원회' 심의를 거쳐 학교의 장이 학교안전공제중앙회에 신청하면 되고, 학교안전공제중앙회는 접수받은 후 이를 심사하여 지급여부를 결정하고 적정액을 지급하게 됩니다.

—

교복에 패용하는 고정식 명찰. 학교 밖에서는?

도로를 걷다 보면 많은 학생들이 학교와 학원을 마치고 집에 가고 있는 모습을 보게 된다. 대부분 자신의 이름이 붙은 교복 옷차림 그대로다. 문제는 교복에 부착된 명찰이 박음질식이어서 마음대로 떼고 붙일 수 없다는 점이다. 그러다 보니 학생들이 자신도 모르게 이용당하는 등 문제가 발생하기도 한다.

출처 – 전북학생인권교육센터

사례5. 사생활·개인정보 보호 안 돼…인권위, 시정 권고(국제신문 2012. 5. 9.)

국가인권위원회(인권위)가 "중·고생들의 교복에 학생의 의사와 상관없이 고정식 이름표를 부착하는 것은 사생활에 대한 권리와 개인의 정보를 침해하는 관행이므로 이를 시정하라"는 결정을 내렸다. 인권위는 전교조 부산지부가 지난해 3월 부산시내 중·고교에 대한 실태조사를 거쳐 같은 해 4월 '고정식이름표 부착 관행에 따른 인권침해를 바로잡아 달라'는 요지로 제출한 진정에 대해 9일 시정을 권고하는 결정문을 부산시 교육청과 전교조 부산지부 등 관계기관에 송달했다.

인권위는 결정문에서 "학교 밖에서까지 (고정식) 명찰을 달고 다니도록 '사실상' 강제하는 것은 본인 의사와 관계없이 개인정보가 다른 사람에게 노출되어 인권을 침해할 소지가 크다"며 탈부착식 이름표 보급 등 대안을 마련하고 그 논의 과정에 학생 의사를 실질적으로 반영할 것을 권고했다. 결정문은 "각 개인의 성명은 그 자체가 비밀성이 있는 정보는 아니지만 헌법 제10조에서 도출되는 인격권 및 제17조 사생활의 비밀과 자유에 의해 보장된다."며 이 같은 조치의 근거를 밝혔다.

이에 앞서 지난 2009년에도 인권위는 전교조 대구지부가 같은 취지로 제출한 진정에 대해 인권보호를 위해 탈부착 방식으로 시정하라는 권고문을 각 시·교육청에 보낸 바 있다. 전교조 부산지부 측은 "생활지도상의 어려움과 분실 우려 등을 이유로 고정식 이름표 부착 관행이 학교현장에서 원활히 시정되지 않아 문제를 제기한 것"이라며 교육당국의 참여와 감독을 요구했다.

사람의 이름, 즉 성명권은 개인의 사생활 보호권 중에서도 가장 소중한 기본권이며, 어느 범위까지 혹은 누구에게까지 알릴 것인지를 스스로 결정할 수 있도록 보장해야 한다.

학교에서 명찰을 다는 목적은 학생지도를 쉽게 하고, 선생님이 학생의 이름을 부름으로써 더욱 친근하게 다가갈 수 있도록 하기 위한 것이다. 또한 학생 스스로 자신의 행동에 책임감을 느끼게 하기 위해서다. 하지만 학생이 학교 밖으로 나가면 상황이 달라진다. 굳이 알리고 싶지 않은 자신의 이름을 불특정 다수에게 보이도록 하는 것은 명백한 사생활의 자유를 침해하는 것이기도 할 뿐 아니라 명찰은 학생을 보호하는 수단이 아닌 학생을 이용하는 수단이 될 수도 있다.

명찰이 달린 교복을 입으면 그 학생의 학교와 이름을 알게 될 뿐만 아니라, 이름을 통해서 검색을 하면 더 많은 개인의 정보를 알아낼 수 있게 된다. 박음질식 명찰이 아닌 목걸이식 명찰이나 탈부착이 가능한 명찰을 사용한다면 이러한 문제는 줄어들 것이다. 학생들을 보호, 선도하기 위해 명찰을 사용하는 것이지만, 학교 밖에서는 그것이 악용될 소지가 높다.

인권의 측면에서 더 큰 사고가 발생하는 것을 방지하기 위해서도 고정명찰보다는 탈부착이 가능하도록 하거나 명찰 위치 주머니 위에 덮개 천을 만들어 학교 밖에선 덮개 천을 꺼내 이름을 가릴 수 있도록 하는 등의 방식으로 선생님과 학부모, 학생 모두가 더 나은 방안으로 변경해야 한다.

머리가 좀 길면 어때? 두발 복장

"학생은 학생다워야 한다."라는 고정관념은 그 역사가 참 오래되기도 했다. 공부하는 학생이 머리나 옷에 신경을 쓰는 것은 학습자의 자세가 안 된 것이고, '용모단정'이라는
마치 표어 같은 명제는 학교에서 최
우선적으로 지도해야 하는 것처럼
여겨지기도 한다. 하지만 머리가 좀
길면 어떤가? 반드시 교복을 입어야 하나? 진짜 공부에 방해가 된다
면 강제적으로 자르거나 단속할 게 아니라 스스로 규칙을 만들어 보
는 것은 어떨까?

사례6. 학생 두발자유 관련 정책권고(국가인권위원회. 2005. 7. 4. 결정)

국가인권위는 학생의 두발자유는 개성의 자유로운 발현권이나 자기 결정권, 사
생활의 자유 등 헌법에서 보장하고 있는 기본적 권리로서 인정되어야 하며, 학생
의 의견이 반영되지 않은 두발제한 규정을 근거로 학생들의 두발을 일률적이고 획
일적으로 규제하는 것은 헌법 및 아동의 권리에 관한 협약에 부합하지 않으며, 특
히 강제적으로 학생의 머리카락을 자르는 것은 인격권 등에 대한 침해라고 판단
하고, 현행의 학생 두발제한 관련 제도를 학생의 기본적 인권 존중과 보호 원칙에
부합하도록 개선해야 한다고 판단하고, 이에 대한 교육인적자원부나 각 시도교
육청의 지도감독 또한 충분하다고 볼 수 없어 이의 개선을 권고한다.

사례7. 강제 이발, 복장검사

A지역 ○○고등학교에서는 아침 등굣길에 학생부 선생님들이 매일 아침 교문에
테니스채를 들고 서서 등교하는 학생들을 지도한다. 테니스채를 머리위에 대고
그 위로 머리카락이 나오면 벌점과 함께 강제 이발을 하기 위한 목적이다. 그 학
교의 교칙은 군인보다 짧은 머리를 하도록 정한 것이다.

또 다른 고등학교에서는 선도부 학생들을 활용하여 쉬는 시간에 불시에 한 학

급에 들어가 여학생들을 책상위에 올라가게 한다. 그리고 자를 이용하여 치마길이를 재고 정해진 규칙보다 짧으면 벌점을 주고 그 벌점이 누적되면 징계를 하는 교칙을 두고 있다.

같은 지역의 중학교에서는 겨울철에 아무리 날씨가 추워도 학교에서 정해진 교복외투가 아니면 입을 수가 없도록 되어 있고 심지어 양말색깔과 실내화의 모양까지도 생활규정에 정해두고 있기도 하다.

———

대안학교들은 대개 두발을 자유롭게 하도록 두면서 특별한 규정을 두고 있지 않은 경우가 많다. 처음 입학 초기에는 호기심에 레게머리부터 시작하여 형형색색으로 염색하거나 기발한 머리모양을 하고 오는 경우가 많다고 한다. 하지만 대개의 경우 한두 달이 지나면 자연스럽게 짧아지거나 단정해진다고 한다. 이유를 물어보면 관리하기 힘들고 귀찮기 때문이라는 답변이 돌아온다.

위 세 사례를 통해 어쩌면 우리 교육은 정형화된 틀 안에 학생의 외모를 맞추고 거기에서 벗어나면 문제아라 낙인찍으며 별종취급을 하고 있는 것은 아닌가 돌아볼 일이다. 머리가 좀 길면 어떤가? 그것이 공부와 생활에 방해가 된다며 스스로 정리하는 대안학교 아이들의 모습처럼 학생들 스스로 자신의 스타일을 찾아가도록 조금만 기다려주는 것은 어떤가?

머리와 복장을 규제하여 억누르기만 하니 인간의 속성상 용수철처럼 튀어나가고 싶은 것이고 교사들은 단속하느라 바쁘다. 이른 아침부터 교문 앞에서 머리와 복장검사를 하는 교사들도 고생이고 단속에 걸려 기합 받고 벌점 받는 학생들도 못할 일이다. 차라리 교사들은 그 시간에 교실에서 아이들을 반갑게 맞으며 수업준비나 상담을 하는 등 학생들과의 관계를 잘 맺는 노력을 하는 것이 더 교육적이지 않을까?

두발길이를 포함하여 염색이나 퍼머 등 학생 간 위화감이 발생할 수 있는 머리와 복장에 대한 규제가 필요하다면 구성원 간의 합의를 통해 적정한 학칙을 마련하고 규제하는 등의 합리성이 필요하다.

그 밖의 사생활과 개인정보 보호와 관련한 인권침해 사례들

• 휴대폰 메시지나 통화기록, 앨범 등 사적 기록을 함부로 열어보거나 공개하는 경우

• 학생이 쓰거나 받은 편지, 쪽지, 다이어리 등 개인 기록물을 함부로 열어보거나 공개적으로 낭독하는 경우

• 가방이나 사물함, 책상 서랍, 기숙사 생활실 등 개인 공간을 함부로 뒤지거나 검사하는 경우

• 학생의 개인정보를 수집하면서 보호자의 직업, 재산, 가족의 형태 등 불필요한 정보까지 과도하게 수집하거나 공개하는 경우

• 학생들의 집주소나 이메일 전화번호 등을 당사자의 동의를 얻지 않고 일괄적으로 나눠주는 경우

• 학생에 관한 정보를 파악하면서 손을 드는 방식 등 공개적으로 노출시키는 경우

• 학생정보 입력이나 시험지 채점을 학급임원 등 학생들에게 시키는 경우

• 학생의 시험성적, 수행평가 결과를 복도에 게시하거나 일방적으로 유포하는 경우

- 상담을 통해 파악된 학생의 정보를 제3자에게 유출하는 경우
- 당사자의 동의와 합리적 이유 없이 복도나 교실 등에 CCTV를 설치하는 경우
- 학교 내에서의 친구나 연애 관계를 일방적으로 금지하는 경우

4. 폭력으로부터 자유로울 권리

교육부는 "학교폭력이란 학교 내외에서 학생 간에 발생한 상해, 폭행, 감금, 협박, 약취·유인, 명예훼손·모욕, 공갈, 강요 및 성폭력, 따돌림, 정보통신망을 이용한 음란·폭력 정보 등에 의하여 신체, 정신 또는 재산상의 피해를 수반하는 행위를 말한다."라고 정의하면서, 그 노력방향으로 "이러한 학교폭력이 학생들에게 노출되어 교육현장이 학생에게 폭력을 보며 배우는 장소가 되기도 하고, 학생이 폭력으로 인하여 정신적·신체적으로 매우 심각한 영향을 받아 사회에 부적응하는 요인이 되기도 한다. 따라서 학교의 장은 학교에 안전한 환경이 조성되도록 해야 하고, 모든 형태의 폭력으로부터 학생들이 보호되어야 함을 명심하고, 학교폭력을 예방하기 위하여 제반의 노력을 다하여야 한다."라고 설명하고 있다.

학교는 폭력으로부터 자유로운 공간이 되어야 한다. 그것은 교사에 의한 것이든, 학생 간에 의한 것이든, 심지어 학부모를 포함한 외부로부터도 자유로워야 한다. 교사에 의한 기합이나 체벌, 언어폭력, 학교에서 선배나 동급생에 의한 폭력, 선도부에 의한 기합, 성희롱 등어면 관계에서 발생하는 폭력이든 허용되어서는 안 된다.

학교폭력, 도대체 왜? 현상이 아니라 원인을 제대로 보자

문제는 폭력이라는 현상이 아니라 폭력을 재생산하는 학교구조이며 경쟁교육 체제에서 찾아야 한다. 왜 학교폭력이 발생하고 증가하는 지에 대해 문제의 본질을 보지 않고 학교폭력의 현상만 바라보고 해결방법을 찾으니 계속 처벌중심의 대증요법만 찾는 것이다.

'2010 한국청소년 핵심역량 진단조사' 보고서에 의하면 한국 청소년들의 지적 역량은 비교대상 36개국 중 2위이나 학습에 대한 흥미도는 최저 수준, 사회적 상호작용 역량은 36개국 중 35위, 관계지향성 영역은 48.3점을 받아 최저점으로 인도네시아의 절반 수준에 불과하다. 보고서는 세계에서 가장 많은 시간을 시험대비 공부로 보내고 오락 게임으로 스트레스를 풀고 있는 아이들의 모습을 적나라하게 보여주고 있다. 이것이 우리 교육의 현실이다.

학교폭력 문제의 가장 중요한 원인은 치열한 입시경쟁 교육, 오직 성적만을 중시하며 친해야 할 친구와 경쟁하고, 학급과 학급 간에 경쟁하고, 학교와 학교가 경쟁하는 경쟁우선주의인 것이다. 일제고사로 학생을 줄 세우고, 학생을 체벌까지 하면서 입시경쟁으로 내모는 이기적인 학부모, 학교 관리자, 교사들이 구조적으로 얽혀 있다. 거대학교, 과밀학급, 교사의 행정업무 과중, 획일적인 교과중심의 교육과정은 재미없는 열악한 학습환경과 교사와 학생 간의 비민주적인 관계를 만들고 있다. 학생의 인권이 존중되지 않고 문화적, 경제적, 신체적, 심리적 처지에 따라 차별되는 학교문화가 변해야 한다.

더불어 살며 협력을 통해 배우는 성취감과 자존감을 경험하지 못하는 교육환경에서 아이들은 자연스레 자기학대와 타인에 대한 폭력으로 자신을 드러내고 과시하게 된다.

학생들이 스스로의 권리를 찾아 자기의사를 결정하고 책임지는 것은 학생의 권리 이전에 인간의 권리이다. 이러한 인간의 권리가 철저히 부정되는 교육제도와 사회구조에서는 폭력이 만연하게 된다. 자기를 존중하지 못하는 아이들이 타인을 존중할 리 만무하기 때문이다. 이 점에 주목해야 한다. 학교폭력의 문제를 근본적으로 해결하기 위해서는 아이들의 인권을 신장시키는 것이 근본적인 대안인 것이다. 이것은 교사의 헌신과 희생만으로는 불가능하다. 학교의 노력만으로도 가능하지 않다. 국가와 사회가 새롭게 변화해야 한다. 학교와 교육을 경쟁과 차별에서 협력과 지원으로 전환해야 한다.

학교폭력은 학교 안에서 인권을 존중하고 민주주의를 배우고 실천하는 학교교육 정상화 과정을 통해 예방될 수 있으며, 모든 교육대책은 학생이 행복하게 성장하도록 돕는 것을 중심에 두어야 한다.

인권이 보장되는 평화로운 학교 만들기

(전국교직원노동조합, 참여와 인권의 평화로운 학교종합계획)

학교폭력 예방 정책의 프레임 전환

1. 사후 처리 중심 대책 ⇒ 원인 분석 및 예방 치유 중심 대책

- 학교폭력 발생 원인에 대한 구조적 접근 및 연구역량의 구축
- 부모 및 기성세대의 책임의식 사회적 확산
- 학교 및 교사의 학교폭력 해결 능력과 책무성 향상

2. 따돌림 · 경쟁 · 무기력의 학생문화 ⇒ 인권 · 배려 · 협력의 학생문화

- 급변하는 한국사회에서의 학생의 심리적, 정신적 특성 이해
- 주의력결핍, ADHD, 자폐, 무기력, 학습부진 등 학생 돌봄, 학습지원
- 국제아동권리협약, 학생인권조례 등 학생 행복권, 자율권 존중 문화
- 교사중심의 통제와 처벌, 상담 위주의 생활지도에서 학생자치 · 인권 · 행복 우선의 생활지도로 전환

3. 경쟁과 입시 중심의 교육정책 ⇒ 협력과 배움 중심의 교육정책

- 지나친 경쟁과 선발제도 개선(초 · 중 일제고사 폐지, 고입 연합고사 폐지)
- 국영수 위주의 지식교육에서 창의인성교육과 문예체교육의 강화
- 논술서술형, 학생참여형 프로젝트, 협력 수업의 확산

4. 처벌 · 배제 · 방치의 사후대책 ⇒ 치유 · 회복 · 복귀를 위한 사후대책

- 학교폭력 유발 가해자 유형별 지도 매뉴얼 보급
- 가해자 격리 또는 지도를 위한 학교 내 공간, 교육청별 위탁교육시설 확충
- 법원 통고제도, 교육청 숙려제도, 위탁교육 등을 통한 학교복귀 프로그램 마련
- 피해자 치유 및 지원을 위한 One-stop 지원센터 구축

5. 가족의 돌봄 기능 약화 ⇒ 마을(지역) 공동체의 돌봄, 치유 역할 강화

- 핵가족화, 다양한 가족 형태의 증가에 따른 가족 돌봄 기능의 약화
- 마을 공동체 복원을 통한 돌봄시설, 청소년 활동 공간의 확충
- 학교폭력 예방을 위한 생태교육, 노작교육, 평화교육, 봉사교육 학습망 구성

교육 패러다임의 변화

1. 학생 모두의 배움과 돌봄을 위한 교육여건 개선

- OECD 수준의 학급당 학생 수(20명 이하) 감축
- 대도시 과밀학급, 거대학교의 해소, 소규모 학교(500~600명) 설립
- 도서관, 체육관, 휴게 공간 등 교육 기반시설의 확충
- 학교 내외의 깨끗하고 아름다운 환경 조성
- 법정정원 확보 및 교사 1인당 학생 수 감축

2. 경쟁위주 선발 및 평가제도 개선

- 초등, 중학교의 전면 절대평가 도입(석차 없는 성취능력 평가)
- 고교 무시험 전형 확대(연합고사 폐지, 선지원 후추첨제)
- 전국단위 학업성취도 평가 개선(일제고사 폐지)
- 사교육이 필요 없는 학교 교육활동에 근거한 대학입시 제도 마련

3. 교사의 교육과정 편성권, 평가권 보장

- 국영수 중심의 집중이수제 폐지(2009 교육과정 개정)
- 창의지성(지식교육) 및 문예체(예술교육), 인성체험교육의 조화
- 창의적 체험활동(진로교육, 봉사교육, 동아리활동)의 내실화
- 학생참여형 프로젝트 학습, 통합수업, 체험, 주제학습 강화

4. 인권이 보장되는 평화로운 학교 모델의 확산

- 교육3주체의 공동체 협약, 인권이 보장되는 생활규정 등 협력적 생활지도 방안 실천
- 학생, 학부모 참여를 통한 자율적, 자치적 생활교육문화 창출
- 교사 전문성 향상 프로그램 개발 및 전문적 학습공동체 실현

5. 민주적인 학교운영 체계와 학교자치의 실현

- 교육활동과 행정업무의 분리(학교업무의 재구조화)
- 교사회, 학생회, 학부모회의 법제화(학교자치의 강화)
- 학생, 학부모의 학교운영 참여의 보장(수평적 소통의 문화)

말은 펜이나 칼보다 강하다. 언어폭력

'말은 사람을 살리기도 하고 죽이기도 한다.' 상처를 주거나 괴롭히고자 상대방에게 내뱉은 말이 우울증은 물론 자살과 충동 살인 등

심각한 사회적 문제를 일으키고 있다. 현대 사회에서는 이를 '언어폭력'이라고 부른다. 전문가들은 '언어폭력'이 '물리적 폭력'과 대등하거나 더 심각한 폭력이라고 말한다. 언어폭력은 형태가 있는 물리적 폭력과 달리 형태가 없어 치료가 쉽지 않고 이겨내고자 하는 의지조차 갖기 어렵다. 결국 피해자들은 언어폭력으로 생긴 상처를 고스란히 떠안고 가게 된다.

사례1. 교사에 의한 언어폭력

2014년 5월 경기도 수원시의 한 초등학교 6학년 교실에서 담임교사가 다문화가정 학생에게 언어폭력을 가해 결국 유죄를 선고받는 일이 벌어졌다.

이 학생은 캐나다인 아버지와 한국인 어머니 사이에서 태어난 릴리(가명) 양으로 담임교사로부터 수차례의 언어폭력 상처를 입고 '적응장애'로 여러 달 심리치료를 받기도 했다.

해당 교사는 릴리 양이 질문을 자주 해서 수업분위기를 해친다는 이유로 같은 반 학생들에게 "릴리 바보"를 세 번 외치게 했으며, 학교 급식에 나오는 김치를 먹지 않는다는 이유로 "너는 반은 한국인인데 왜 김치를 못 먹느냐? 나중에 시어머니가 좋아하겠느냐"라며 나무라기도 했다. 또한 수업 중에 학원에 다니는 아이들에게 손을 들어보라고 하더니 유독 릴리 양을 가리키며 "너는 부모 등골을 150g 빼먹는 애"라고 말하기도 했다고 한다.

뒤늦게 딸로부터 이 사실을 알게 된 릴리 양 부모는 담임교사를 경찰에 고소했으며, 2015년 2월 12일에 수원지법 형사9단독 지귀연 판사는 다문화가정 어린이인 제자의 정신 건강을 해치는 말을 한 혐의(아동복지법 위반)로 불구속 기소된 담임교사에게 벌금 300만원 형을 선고하면서 "피고인이 교육자로서 우리 사회가 포용하고 함께 걸어가야 할 다문화가정 어린이에게 큰 상처와 아픔을 준 사실이 인정된다."고 밝혔다.

교사가 학교에서 한 말이 정서 학대로 인정돼 유죄 판결을 받은 사례는 이번 사건이 처음이다.

—

'언어폭력'이란 특정 학생을 대상으로 하는 욕설, 비방, 모욕, 협박, 깎아내리기, 허위사실 유포 등을 통하여 상대방이 고통을 느끼도록 하는 일체의 행위뿐만 아니라, 학생들이 습관적으로 사용하는 막말, 은어, 비속어 등을 포함하는 불량언어 일체를 의미한다.

교육부 실태조사 학교폭력 유형별 응답 현황

구분	'12-1차 %	'12-2차 %	증감	'13-1차 %	증감	'13-2차 %	증감
사이버 괴롭힘	13.3	7.3	-6.0	9.1	1.8	9.7	0.6
언어폭력	37.9	33.9	-4.0	34.0	0.1	35.3	1.3
돈(물건) 빼앗김	12.8	16.2	3.4	10.0	-6.2	9.2	-0.8
집단 따돌림	13.3	11.4	-1.9	16.6	5.2	16.5	-0.1
강제 심부름	7.1	11.3	4.2	6.1	-5.2	5.3	-0.8
폭행, 감금	10.4	9.6	-0.8	11.7	2.1	11.5	-0.2
스토킹	–	7.1	–	9.2	2.1	9.0	-0.2
강제추행, 성폭력	5.2	3.2	-2	3.3	0.1	3.5	0.2

실제로 2013년 교육부에서 실시한 2차 학교폭력 실태조사 결과 폭행, 금품 갈취, 강제 심부름 등과 같은 물리적인 폭력은 감소하는 경향을 보이고 있지만 사이버 괴롭힘이나 언어폭력과 같은 정신적인 폭력의 비중이 상대적으로 증가하는 것으로 나타났다. 특히 학교폭력 유형 가운데 언어폭력은 35.3%로 가장 큰 비중을 차지하고 있다.

언어폭력 비중이 높은 것은 청소년폭력예방재단에서 매년 실시하는 학교폭력 실태조사에서도 잘 드러나고 있다. 이 재단의 조사 자료를 보면 언어폭력의 비중이 2010년 20.0%, 2011년 22.9%, 2012년 27.3%로 해마다 증가하는 것으로 나타나 있다.

학생들이 욕설을 사용하기 시작하는 시기는 58.2%가 초등학교 고학년인 5~6학년이며, 94.6%의 청소년들이 욕설 사용 경험이 있는 것으로 조사되고 있다. 특히 주목되는 것은 욕설사용 경험이 남학생 77.6%, 여학생 68.9%이고, 학교급별로는 초등학교 65.5%, 중학교 77.6%, 고등학교 77.7%로 나타나고 있어 성별, 연령 구분 없이 청소년 사이에 욕설이 만연되어 있다는 점이다.

학교에서 친구에게 욕설이나 조롱을 하거나 비웃는 등의 행위를 해서 괴롭힌다면 언어적·정신적 학교폭력에 해당한다. 학교에서 나타나는 언어폭력의 유형을 살펴보면 다음과 같다.

- 메일 등으로 비난하는 메시지를 보내거나 위협하고 협박하는 행위
- 채팅 등을 통해 말을 걸어도 무시하고 면박을 주는 행위
- 욕설을 하는 행위
- 험담을 하는 행위
- 조롱하거나 비웃는 행위

- 모욕을 주는 행위(다른 사람이 누군가를 모욕하도록 설득하는 행위를 포함)
- 약점을 들춰서 괴롭히는 행위
- 인터넷 등에 본인이 싫어하는 별명을 올리며 놀리는 행위
- 나쁜 소문을 퍼뜨리는 행위
- 특정 행동을 사진이나 동영상으로 찍어 본인에게 수치심을 주는 행위
- 본인이 싫어하는 사진이나 동영상을 퍼뜨리는 행위
- 학교 게시판이나 인터넷 사이트에 비방·험담하는 글을 올리는 행위

언어폭력은 신체폭력 이상으로 심각한 피해를 줄 수 있지만 아직 말이 폭력이 될 수 있다는 인식이 부족한 것이 사실이다. 원론적인 이야기지만 되도록 아이들이 어릴 때부터 언어폭력의 심각성을 제대로 인지하도록 가르쳐야 하며, 바른 말을 쓸 수 있도록 가정과 학교에서 가르쳐야 한다. 최근 충북 영동의 황간 초등학교에서는 학생들의 언어폭력을 줄이기 위해 교실에 들어서는 학생들은 먼저 인사를 나누고 서로 꼭 안아준다고 한다. "프리허그(다정하게 안아주기)"가 아침인사인 셈이다. 또 나쁜 말 버리기 운동도 하고 있다고 한다. 친구를 험담하거나 공격하는 언어를 쓰면 그 나쁜 말을 카드에 적어 나쁜 말 쓰레기통에 아이가 직접 버리도록 한다고 한다. 나쁜 말은 써서는 안 되고 버려야 할 언어 습관임을 이렇게 교육하는 것이다. 그리고 고운 말을 가르치기 위해 주 2회 동요 교실에서 동요를 가르친다고 한다. 그 결과 이 언어순화 프로그램을 통해 아이들의 말투에 긍정적인 변화가 있다고 한다.

사례2. 아동학대 처벌 특례법. 교사징계를 넘어 퇴출로도 이어질 수 있어…

2014년 9월 강력한 아동학대 처벌 특례법이 시행되었고, 릴리 양 사건으로 대표되는 교사의 부적절한 말에 대한 법원의 유죄판결이 나오면서 앞으로는 교사들의 막말로 인해 징계를 넘어 교단에서 퇴출되는 사례도 발생할 것이다.

현재 국공립 교사의 신분은 국가공무원법으로 보장받고 있어서 금고 이상의 형을 받아야만 공무원 자격을 박탈당하지만, 아동학대 처벌 특례법에는 신체·정신적 학대, 성범죄 등 아동학대 범죄를 저질러 유죄가 확정되면 교육 업무에 종사할 수 없도록 하는 강력한 법규가 신설되면서 이제는 교사가 부적절한 말을 하여 기소돼서 벌금형을 선고받으면 퇴출당하는 사례가 나올 수도 있는 것이다.

5. 정보인권

정보화 사회에서도 인권을 보장해야 한다. 정부는 행정의 효율을 꾀하기 위해, 시장은 이윤을 창출하기 위해 정보화를 추진한다. 실제로 2001년 당시 국가는

출처 – 진보넷

교육행정정보시스템(NEIS)을 도입하면서 조지 오웰의 『동물농장』에 나오는 '빅브라더'처럼 학생과 관련된다는 명분으로 거대정보를 수집하려 했다. 교육상 필요한 학생의 정보를 넘어서서 부모의 직업, 학력, 재산정도 등 불필요한 정보까지 모두 수집하여 거대서버에 입력하는 정책을 추진한 것이다. 일각에서는 삼성SDS에 특혜를 주는 것이 아니냐는 이야기도 흘러나왔고, 국가가 정보를 집적하여 악용할

가능성에 대한 우려도 매우 심각하게 논의되었다.

여기에 맞서 교원노조를 포함한 교육계는 강력한 저항을 했고 그 결과 학생교육과 관련된 최소한의 자료만 정보화하는 것으로 정리되었으나 시간이 흐르면서 차츰차츰 입력의 범위가 확대되고 있는 것이 현실이다.

그러한 네이스 투쟁의 결과로 등장하여 공론화되기 시작한 말이 '정보인권'이다. 사회가 변화, 발전하면서 정보화가 피할 수 없는 흐름인 것은 자명하다. 그러나 인권을 보장하기 위한 고민과 노력은 그 정보화의 흐름에 한참 뒤처진다. 그래서 최근 정보에 대한 자유로운 이용이 제한되고 개인정보에 대한 권리가 침해되는 경우가 늘어가고 있다.

정보화 사회는 지금과 다른 사회가 아니라 우리가 만들어갈 사회이다. '정보인권'은 정보화 사회에서도 세계인권선언과 법률이 말하는 인권을 보장해야 한다는 것을 말한다. 정보인권은 정보화 과정에서 개인의 자유와 평등을 보장하기 위한 최소한의 기준이기도 하지만 정보화 이후에도 우리 사회가 계속 민주주의와 인권을 존중하도록 만들기 위한 노력이기도 하다.

최근 정보인권으로 주목받고 있는 것은 표현의 자유, 사생활 보호권, 정보 공유권, 접근권이다. 이 권리들은 정보와 커뮤니케이션과 관련이 있기 때문에 정보화 사회에서 필수적으로 보장받아야 하는 권리이기도 하지만 정부와 시장 주도의 정보화로 인하여 위협받고 있는 권리인 것도 사실이다.

인권의 개념은 끊임없이 시대에 맞게 확장되어 간다. 정보화 사회에서도 온라인상의 인권을 지키기 위한 노력은 계속되어야 한다.

정보인권은 확장된다

사례1. 전주 ○○고 '교학사 교과서 채택' 버티기(전북도민일보 2014. 1. 5.)

전국에서 유일하게 교학사의 한국사 교과서를 채택한 전주 ○○고가 각계 비난 속에서도 학생 대자보를 떼거나 홈페이지 게시판 글을 삭제하는 등 '버티기'를 계속하고 있다.

○○고는 역사왜곡과 우편향 논란을 빚은 교학사 교과서를 지학사 교과서와 함께 복수 채택, 항의전화에 시달려야 했고 학교 홈페이지는 항의성 글로 가득했다. 하지만 학교는 3일 일반게시판에 올렸던 교감 글과 학부모 등의 댓글, 비난성 글 등 수백 건의 조회 수를 기록했던 20여 건을 모두 삭제했다. 또 4일에는 학생의 대자보마저 떼어내 "토론을 위해 2개의 교과서를 채택했다는 학교가 토론을 거부하고 있다"는 비난을 샀다. 3일 저녁 9시께 붙여졌다 다음날 오전 8시 무렵 철거된 대자보에는 "왜곡된 역사 인식과 균형 잡힌 역사 인식은 다른 것이므로 채택을 철회해 달라"고 돼 있었다.

민주당 전북도당은 3일 "올바른 가치관과 국가관을 가르쳐야 할 학교에서 왜곡되고 편향된 국사책을 학생들에게 가르친다는 것은 도저히 용납될 수 없다"고 밝혔고 전북교육자치시민연대도 "많은 왜곡과 오류로 점철되고 기록해야 할 진실을 축소 왜곡한 수준 이하 교과서를 선택한 ○○고 측은 사과하고 교과서 채택을 당장 철회하라"고 요구했다.

전북민족문제연구소와 전북교육혁신네트워크는 6일 ○○고에서 게시판 글 삭제와 대자보 철거에 대한 도교육청의 특감을 요구하고 교학사 교과서 채택을 규탄하는 시위를 할 예정이다.

이에 대해 ○○고는 "두 교과서를 토론의 소재로 활용하고 비판적 사고나 객관적 안목을 기르는 교육을 하려 한다"는 입장을 내놓는 등 병행수업 의지를 꺾지 않았다. 홈페이지 게시판도 논란이 가라앉을 때까지 닫을 방침을 밝혔다.

지난 2014년 일선 고등학교에서 채택하여 교육하는 한국사 교과서 중 교학사에서 출판한 교과서는 친일 독재 미화와 역사왜곡을 하고 있다는 비판을 받았고, 극소수의 학교에서 교학사 교과서 채택을 결정했지만 역사단체와 학부모 시민사회단체의 거센 압력에 결국 거의 모든 학교가 채택을 하지 않았다.

하지만 이런 논란의 와중에 ○○고는 교학사 교과서를 채택하기로 결정하면서 중대한 인권침해를 자행했다. 학교 홈페이지 일반게시판에 올렸던 교감 글과 학부모 등의 댓글, 비난성 글 등 수백 건의 조회 수를 기록했던 20여 건을 모두 삭제해버리고, 교학사 교과서 채택 철회를 요구하는 학생의 대자보마저 떼어내버린 것이다.

이는 학교의 행위를 정당화하기 위해 비판의 목소리를 차단하는 과정에서 표현의 자유를 침해한 것과 함께 정보인권을 침해한 명백한 불법행위였다.

2013년 4월 14일 청주지법 제1민사부(이영욱 부장판사)는 인터넷 카페 회원 ㄱ씨가 명예훼손을 당하고, 본인의 게시물을 임의 삭제당했다며 카페 관리자 ㄴ씨를 상대로 낸 손해배상 청구소송 항소심에서 "게시자의 동의 없이 글을 삭제한 것은 관리자로서의 권한을 넘어 사회 상규에 반하는 위법한 행위"라며 ㄴ씨에게 50만원의 위자료 지급을 명령했다. 다만 재판부는 "상업적 목적의 게시물에 한해서는 친목과 교류를 도모하기 위해 개설된 홈페이지의 목적과 건전성을 유지하기 위해 관리자가 금지하거나 삭제할 수 있는 권한이 인정된다."고 단서를 달기는 했다.

또한 안전행정부가 만든 '행정기관 등 웹사이트 운영 가이드라인'을 보면 공공기관은 게시자의 동의 절차 없이 글을 무단 삭제하지 못하도록 하고 있다. 또한 정보통신망 이용촉진 및 정보보호 등에 관한 법률 제32조(손해배상)는 "이용자는 정보통신서비스 제공자 등이 이 장의 규정을 위반한 행위로 손해를 입으면 그 정보통신서비스 제공자 등에게 손해배상을 청구할 수 있다. 이 경우 해당 정보통신서비스 제공자 등은 고의 또는 과실이 없음을 입증하지 아니하면 책임을 면할 수 없다."라고 명시하고 있으며, 전자정부법 제35조(금지행위)에서는 "1. 행정정보의 처리업무를 방해할 목적으로 행정정보를 위조·변경·훼손하거나 말소하는 행위"를 금지하고 있다.

즉 일반적으로 학교 홈페이지 게시판에 글을 쓰다 보면 "타인을 비방할 목적이나 상업성 글 등 (중략) 관리자가 임의로 삭제할 수 있습니다."라는 공지 글을 볼 수 있다. 이는 거꾸로 이야기하면 이런 글을 제외하고는 관리자가 임의로 삭제해서는 안 된다는 말이기도 한 것이다. 학교에 비판적인 글을 쓰거나 학교정책과 다른 글을 게시했다고 해서 해당 게시 글을 임의로 삭제하는 것은 비상식적이며 심지어 비교육적이기까지 한 행위인 것이다.

결국 ○○고는 이러한 비판에 직면하면서 교학사 역사교과서 채택을 철회하고, 게시 글 삭제에 대해서도 사과하고 재발을 방지하겠다는 약속을 하면서 일단락되었다.

내 얼굴을 함부로 찍지 마! 초상권 보호

사례2. 교실 내 CCTV 설치 관련 인권 침해(국가인권위원회. 2012. 2. 결정)

교실 내 CCTV 설치는 학교폭력을 예방하기 위하여 설치한다고 하더라도 CCTV로 인하여 교실 내에서 생활하는 모든 학생과 교사들의 모든 행동이 모두 촬영되고, 지속적 감시에 의하여 개인의 초상권과 프라이버시권, 학생들의 행동자유권,

교사들의 수업권 및 교육의 자주성 저해 등 인권침해 소지가 클 뿐만 아니라, 탈의실이 없어 교실에서 체육복을 갈아입는 경우가 적지 않은 상황에서 학생들의 신체가 노출되므로 교실 내 CCTV를 설치하지 말 것을 권고.

━

CCTV와 관련하여 상당수의 학교에서 문제가 되고 있다. 본래의 설치 목적은 외부로부터 학교를 보호하고자 함이었으나 실제로는 학생이나 교사를 감시하는 수단으로 악용하는 사례도 나타나고 있다. 또한 외부인에 의한 학교 내 범죄행위에 대한 예방책으로 지문인식출입기를 설치하는 학교도 많이 있지만 학교구성원의 지문을 등록하는 과정에서 본인의 동의절차를 거치지 않거나 생체정보관리를 외부기관에 위탁하는 등 개인의 정보인권을 침해하는 사례들도 나타나고 있는 것이 현실이다. 이에 새로운 정보기기의 등장과 활용이라는 순기능도 있지만 좀 더 예민하게 경계하고 확인하지 않을 경우 언제든 인권침해로 나타날 수 있는 역기능도 있음을 함께 살펴봐야 한다.

○○학교에서 담임교사가 연구용으로 활용하려는 목적으로 수업내용을 촬영장비로 촬영했으나, 본인의 연구에 그치지 않고 녹화내용을 학생들에게 보여주며 수업태도가 나쁜 학생들을 야단치는 증거자료로 활용한 사례도 있었다. 이러한 연구용 촬영 역시 본래의 운용목적으로만 사용해야 함에도 불구하고 사전공지 없이 교사가 임의로 수업내용을 촬영하고, 학생지도의 목적으로 사용한 것은 명백히 학생의 사생활의 자유와 비밀을 침해하는 행위에 해당한다. 또한 개인정보보호법 제25조 제7항에 따라 제정된 '학교 CCTV 설치 및 운영에 관한 지침'에 따르면 학교 내 CCTV는 교실이나 복도가 아닌 건물 밖을 향하여 설치하고 본래의 목적 외에는 사용할 수 없다.

내 정보를 함부로 주지 마! 개인정보 보호

—

사례3. 학생의 개인정보를 다른 기관에 제공해도 되나?

경기학생인권센터 상담 내용(2013)

○○교육지원청 업무 담당자입니다. 학교가 다른 목적으로 정보 주체의 동의를 받아 이미 수집해 놓은 개인정보를 녹색어머니회와 자녀안심하고 학교보내기운동본부 등 학부모단체 소속 회원을 지원하기 위한 정보로 지원 주체 기관에 제공하고자 합니다. 비록 다른 목적이었기는 하나 해당 학부모와 학생으로부터 개인정보 수집 당시 정보의 이용에 대한 사전 동의도 받았고, 학부모들에게 이익이 되는 지원이므로 관련 정보를 지원 주관 단체에 제공해도 인권침해의 문제가 없지 않나요?

➜ 학교가 적법하게 수집하여 놓은 정보라도 수집 당시 또는 수집 이후 정보제공의 목적과 범위를 정확히 설명하여 별도의 동의를 받아 놓지 않았다면, 해당 정보를 제3자에게 제공하는 것은 인권침해 행위에 해당합니다.

—

실제로 학교에서는 공익을 목적으로 하는 활동을 위해 학생이나 학부모의 개인정보를 요구하는 경우 등 이와 비슷한 요구가 상당히 존재한다. 이럴 때 학교에서는 무심코 공익의 목적이고 악용의 여지가 없다는 판단하에 기본 정보를 제공하는 경우도 왕왕 발생한다.

개인정보보호법 제15조와 17조는 개인정보의 수집과 이용, 제3자 제공을 별개의 조치로 보고 각각의 행위와 조치 전에 정보 주체의 동의를 받도록 요구하고 있다. 즉 법률이 정한 특별한 사유가 없다면 개인정보의 제3자 제공이 정보 주체의 이익이 되는 경우라도 반드시 정보 제공의 목적과 범위 등을 명확히 설명하여 사전에 동의를 받아야만 하는 것이다.

위의 사례와 비슷한 맥락으로 가정폭력으로 인해 비밀전학을 온 학생에 대해 가정폭력의 가해자가 어떻게 알고 학교로 찾아오거나 전화를 해서 학생의 주소와 연락처를 알려달라고 하며 행패를 부리는 경우가 종종 발생한다. 그 사람이 학생의 친권자임을 확인했다면 정보제공이 가능할까? '가정폭력범죄의 처벌 등에 관한 특례법'을 살펴보면 제18조 ③항에 "피해자가 보호하고 있는 아동이나 피해자인 아동의 교육 또는 보육을 담당하는 학교의 교직원 또는 보육교직원은 정당한 사유가 없으면 해당 아동의 취학, 진학, 전학 또는 입소(그 변경을 포함한다)의 사실을 가정폭력 행위자인 친권자를 포함하여 누구에게든지 누설하여서는 아니 된다."라고 규정하고 있다. 따라서 학교는 가정폭력 가해자인 친권자가 피해가족의 정보 제공을 요청하는 경우에는 이를 거부하는 것이 옳다. 할 수 있다면 가정폭력 가해자가 학교에 찾아와 지속적인 협박 등으로 행패를 부리는 경우에는 관할경찰서에 신고하여 2차 피해를 방지해야 한다.

6. 사상의 자유, 양심의 자유, 종교의 자유

양심이란 어떤 일의 옳고 그름을 판단함에 있어서
그렇게 행동하지 않고는 도저히 자신의 인격적 존재 가치가
허물어지고 말 것이라는 강력하고 진지한 마음의 소리이다.

_ 헌법재판소 1997. 3. 27. 96헌가 11

사상의 자유는 다른 사람의 견해와는 관계없이, 하나의 사실이나 관점 또는 사상을 유지하는 개인의 자유를 말한다. 표현의 자유의 개념과는 구별되지만 밀접한 관련이 있다고도 할 수 있다. 그리고 양심의 자유는 외부로부터 속박을 받지 않고, 자신의 양심에 따라 행동하는 자유를 의미한다. 사람의 정신적 활동을 법률로 금지하거나 강제하지 않도록 하기 위해, 대한민국은 헌법 제19조에 사상과 양심의 자유가 있음을 규정하고 있으며 여러 나라 헌법에서도 인간 기본권의 하나로 이를 보장하고 있다. '사상의 자유'와 '양심의 자유'는 서로 불가분의 관계에 있기 때문에 일반적으로 사상과 양심의 자유라고 묶어 부르기도 한다.

　　사상과 양심의 관계에 관해서 볼 때 사상을 논리적 사고라고 한다면 양심은 윤리적 측면을 가진 사고라는 점에서 사상을 양심보다는 조금 더 넓은 개념으로 보기도 한다. 양심의 자유가 가지는 주요한 내용으로는 첫째, 양심상의 결정의 자유, 즉 자신의 도덕적·논리적 판단에 따라 무엇이 옳고 그르다고 확신할 수 있는 자유가 포함된다. 이는 개인의 마음속에서 이뤄지는 것이므로 어떠한 경우에도 제한될 수 없는 절대적 자유이다. 따라서 양심상의 결정 과정에 국가 권력이나 타인이 관여 또는 그 결정을 방해하거나 일정한 양심상의 결정을 하도록 강제할 수 없다. 둘째, 양심상의 결정을 외부에 표명하도록 강제받지 않을 침묵의 자유를 포함한다. 침묵의 자유는 양심에 반하는 행동을 강제당하지 않을 자유까지도 포함하고 있다.

반성문, 서약서, 강제로 쓰면 반성이 되나?

생명 사랑 서약서

나는 자신의 생명을 소중하게 생각하고,
자신을 사랑하고 존중하며,
절대로 자살하지 않을 것을 다음과 같이 약속합니다.

1. 나 _____은(는) 절대로 자살하지 않을 것이며, 자해나 자살을 시도하지도 않을 것입니다.

2. 나는 자신의 건강을 위해 적당한 휴식과 수면을 취하겠습니다.

3. 나는 내 주변에 자살할 수 있는 모든 도구를 없애며 술, 담배 등 약물에 의지하지 않겠습니다.

4. 나는 자살하지 않기 위하여 조금이라도 기분이 상하면 반드시 다른 사람에게 알리고 고민과 어려움을 해결하기 위해 상담하겠습니다.

2015년 5월   일

서명자 :

증 인 :

학생 학부모 서약서

저는 앞으로 학교생활에 더욱 충실하고 학생신분을 지킬 것은 물론 교칙에 어긋나는 일을 하지 않을 것을 굳게 약속하며 학생신분에 어긋난 행위를 했을 경우에는 어떠한 처벌도 감수하겠음을 보호자와 함께 다짐하며 이에 서약서를 제출합니다.

2014년   월   일

학 생 :   학년 반 번
이 름 :   (인)
학부모 :   (인)

교권 침해 방지 서약서

1. 나 _____은(는) 수업시간에 선생님의 정당한 지도를 따르지 않거나 다른 친구들의 수업을 방해하는 행동을 하지 않을 것을 서약합니다.(예, 아니오)

2. 나는 선생님의 정당한 생활 지도를 따르지 않거나 불응하는 행동을 하지 않을 것을 서약합니다. (예, 아니오)

3. 나는 수업 시간과 생활 지도에서 선생님의 정당한 지시에 잘 따를 것을 서약합니다.(예, 아니오)

일 시 : 2014년 11월   일

학 생 :   (인)

보호자 :   (인)

서 약 서

본인은 ○○고등학교에 입학한 후부터 졸업할 때까지 다음 사항을 성실히 준수하겠으며, 만약 위반했을 때는 어떠한 처벌이라도 감수할 것을 보호자 선서로 서약합니다.

다 음
1. 학교 교칙을 성실히 지키겠습니다.
2. 학교의 명예를 손상시키는 일이 없도록 하겠습니다.
3. 학교의 기독교 교육 프로그램에 적극 참여 순종하겠습니다.
4. 실력 향상을 위해 최선을 다하겠습니다.
5. 선생님의 교육적 지도에 순종하겠습니다.

2011년 3월 2일

학 생   학년 : 1학년   반   번
            주민등록번호 :
            성명 :   (인)

보호자   학생과의 관계 :
            전화번호 : (   )
            주민등록번호 :
            성명 :

학교에서 받은 각종 서약서들

2014년 서울의 A초등학교가 교사의 교권을 침해하지 않겠다는 서약서를 받아서 비판을 받은 적이 있다. 또한 2015년에 ○○초등학교에서는 1학년 학생에게 자살하지 않겠다는 서약서를 제출하도록 했고 심지어 증인을 내세우라는 황당한 일도 벌어졌다. 또 울산의 ○○고등학교는 교칙을 어길 경우 어떤 처벌도 감수하겠다는 서약서를 받았고 그 후 해당 학교에서는 체벌사고가 벌어져 심각한 문제가 야기되기도 했으며, ○○종교재단의 사립 고등학교에서는 입학생들에게 종교교육에 적극 참여하며 순종하겠다는 서약서를 받기도 했다.

통상적으로 서약서는 이해당사자 간에 법적 근거를 남기고 책임을 명확히 하고자 할 때 작성하는 것이다. 따라서 우리 법에서는 서약서의 효력을 법으로 명시하고 있다.

민법 제107조 (진의 아닌 의사표시)
① 의사표시는 표의자가 진의 아님을 알고 한 것이라도 그 효력이 있다. 그러나 상대방이 표의자의 진의 아님을 알았거나 이를 알 수 있었을 경우에는 무효로 한다.
② 전항의 의사표시의 무효는 선의의 제3자에게 대항하지 못한다.

민법 제103조 (반사회질서의 법률행위)
선량한 풍속 기타 사회질서에 위반한 사항을 내용으로 하는 법률행위는 무효로 한다.

민법 제104조 (불공정한 법률행위)
당사자의 궁박, 경솔 또는 무경험으로 인하여 현저하게 공정을 잃은 법률행위는 무효로 한다.

하지만 이와 같은 서약서가 교육이 일어나는 학교에서 정말 필요한

것일까? 오히려 학생의 인권을 침해하는 것을 정당화하고자 하는 목적에서 학교와 교사들의 면피행위로서 작동하는 것은 아닌지 돌아볼 일이다.

사례1. 서약서 등 제출 강요에 따른 인권침해 관련 국가인권위원회 결정례

1) 학생에게 통상의 반성문 내용을 넘어서 '피해자가 교칙을 다시 위반할 경우 어떠한 처벌도 감수하고 스스로 자퇴할 것을 서약하도록 강제하는 것은 헌법 제19조를 침해한 것(2009.10.12. 결정)

2) 학생이 거짓말한 것에 대해 시인 및 기록을 요구하고, 방송실 문을 닫고 카메라를 설치하여 거짓말 시인장면을 촬영하려고 한 행위는 교육의 목적범위를 벗어난 행위이며, 교실에서 학생이 거짓말을 했다는 사실을 언급하면서 반성문을 제출하도록 하는 행위는 헌법 제10조, 제17조, 제19조 침해에 해당하는 것(2005.12.16. 결정)

학교에서는 종종 학생에게 생활 지도상의 규칙을 어겼다는 이유로 반성문이나 서약서를 쓰게 하는 경우가 있다. 학교는 학생이 교칙을 어기거나 잘못된 행동을 했을 때 교육적인 차원에서 적절한 징계를 할 수 있다. 이러한 지도의 목적은 단지 벌을 주는 것을 넘어서 이후 재발을 방지하고 반성을 유도하는 교육적인 차원의 것이다. 하지만 학생이 자신의 행동을 전혀 뉘우치지 않은 상태에서 억지로 반성문을 쓰게 하거나 원치 않는 내용을 담은 서약서를 쓰게 하는 것은 교육적인 측면에서 전혀 도움이 되지 않는다. 반성문이라는 것은 자신이 한 행위에 대해 자신의 판단 기준에 근거해 스스로 성찰한 결과물이어야

하지만 스스로 생각해볼 기회도 없이 동의도 되지 않는 상태에서 반성문 쓰기를 강요당한다면 당사자는 매우 억울하고 분한 감정을 느끼는 것이 당연하고, 그것이야말로 헌법이 금지하는 '양심강제'에 해당한다.

진술서나 반성문, 서약서 쓰기를 강요하는 것은 개인의 사상과 가치를 표현하는 양심과 표현의 자유를 침해하는 행위이다. 인간은 누구나 양심에 반하는 행동을 강요당하지 않을 권리가 있고 그 예가 묵비권(침묵의 자유)을 보장해주는 것이기도 하다. 예를 들어 학교에서 자신을 변호하기 위해 학생이 반성문이나 진술서 쓰기를 거부한다면 쉬 인정해줄 교사들이 있을까? 오히려 교사가 묻는 말에 대답하지 않는 것은 반항이나 무례함으로 받아들여져서 더 큰 문제를 야기하지 않을까? 또한 위의 사례처럼 학교가 학생에게 학교 규율을 준수하겠다는 서약이나 선서를 요구할 때에는 미리 그 내용을 학생에게 충분히 설명하고 학생의 동의를 구해야 한다. 만일 학생이나 학부모가 양심에 따라 동의하지 않았더라도 거부했다는 이유로 학생에게 불이익을 주거나 처벌할 수 없다. 학생은 성인과 마찬가지로 보호받아야 할 내면적 양심을 가진 권리의 주체이다. 자신의 신념이나 사상에 따라 한 행동이 다른 사람에게 피해를 주지 않는다면 어느 누구도 그 사람에게 그의 사상이나 신념을 꺾거나 버리라고 강요할 수 없는 것이다.

내가 믿을 신은 내가 알아서 선택할게. 종교의 자유

사례2. 어느 교사의 종교적 신념에 찬 행위

○○지역의 중학교 역사교사인 A씨는 독실한 기독교인이다. 그는 2학년 총 6개

학급의 학생들에게 역사과목을 가르치고 있는데, 2015년 3월 초 학급의 첫 수업 시간에 첫 만남을 축복하기 위해 학생들과 함께 기도를 하고 수업을 시작했다. 또한 담임을 맡으면서 학급의 학생들이 아프다고 하면, 그 학생들이 아픈 부위에 손을 얹고 기도를 한 후에 학생들을 보건실로 보내기도 했다.

심지어 중학교 2학년 1학기 역사 수업을 하면서 자신의 종교적 신념에 따라 "진화론은 잘못된 것이니 배울 필요가 없다"고 말하며 학생들에게 진화론을 가르치지 않고 창조론의 올바름만을 지도하기도 했다.

그리고 자신의 반 학생 중 한 명이 자신과 종파(?)가 다른 교회에 다닌다는 것을 알고 그 학생을 상담하면서 그 교회가 이단이라고 말하는 등 학생과 종교적 논쟁을 벌이기까지 했다.

결국 학생들에게 이 사실을 듣게 된 학부모가 도교육청에 이의를 제기했고 조사 결과 모두 사실로 인정되어 해당 교사는 중징계를 피할 수 없게 되었다.

출처 – 전북학생인권교육센터

대한민국 헌법 제20조 제1항에는 "모든 국민은 종교의 자유를 가진다."라고 규정되어 있는데, 종교의 자유의 내용은 신앙의 자유, 종교적 행위의 자유로 나눌 수 있다. 구체적으로 신앙의 자유란 어느 종교를 믿을 자유, 종교를 믿지 않을 무종교의 자유, 신앙을 변경할 자유를 의미하며, 종교적 행위의 자유는 신앙고백의 자유, 종교적 행사의 자유, 종교교육의 자유, 선교(포교)의 자유, 종교적 집회·결사의 자유 등으로 세분할 수 있다.

신앙의 자유는 종교의 자유의 내적 영역으로 절대적 자유에 해당하므로 이를 제한할 수 없지만 위의 사례처럼 종교적 행위의 자유는 절대적 자유가 아니므로 질서유지나 공공복리를 위하여 필요한 경우에 한하여 제한할 수 있다. 또한 교육기본법 제6조(교육의 중립성)에서는 "국가와 지방자치단체가 설립한 학교에서는 특정한 종교를 위한 종교교육을 하여서는 아니 된다."라고 규정하고 있기도 하다.

위의 사례의 경우 해당 교사의 행위는 학교에서 학생들에게 자신의 종교의식을 행하고, 결과적으로 자신의 종교를 믿도록 권한 행위로 볼 수 있으며, 수업시간에 학생들에게 기도를 하고 아픈 학생들에게 기도를 한 행위는 직무행위 중에 자신의 종교를 학생들에게 표현 내지 권유한 것으로서 교사로서 허용되지 않는 행위이다. 또한 학교에서 정한 교육과정이 자신의 신념 또는 종교와 다르다고 해서 제외하고 자의적으로 운영하는 것은 학생들의 정상적인 교육활동을 방해할 우려가 있어 학생들의 학습권을 침해한 것이기도 하다.

위의 사례는 교사 개인의 사례이지만 비슷하게 적용되어야 할 학교들이 있다. 현재 우리나라에 종립학교가 설치되어 일정한 범위 내에서 종교교육의 자유와 운영의 자유를 가지고 있는 것은 사실이지만, 종립학교 역시 공교육 내에 편입되어 있는 상황에서 해당 학교에 강제로 배정되어 있는 학생들에게까지 종교과목의 수강이나 부수적 종교 활동을 강제하는 것은 학생의 종교의 자유와 양심의 자유를 침해하는 행위라고 할 수 있다. 따라서 종립학교가 학생들에게 종교적 의사표시를 강요하거나 불응 시 불이익을 주는 모든 조치는 원칙적으로 금지되어야 한다.

사례3. 종립학교의 종교교육 강제의 위법성 관련 대법원 판례(2010. 4. 22. 선고)

종립학교가 고등학교 평준화정책에 따라 학생 자신의 신앙과 무관하게 입학하게 된 학생들을 상대로 특정의 종교교리를 전파하는 종교교육을 실시하는 경우에는 사전에 충분한 설명을 하고 동의를 구하고 불이익이 없도록 하여야 하며 자유롭게 대체과목을 선택하거나 종교교육 참여를 거부할 수 있었는지의 여부를 벗어날 경우에는 위법성을 인정할 수 있다.

---

7. 성소수자 인권

차별은 어떤 영역에서도 정당화될 수 없다. 더군다나 학생을 교육하는 학교에서는 더욱 차별이 용인되어서는 안 된다. 교육을 생명을 소중히 여기고 타인을 배려하

며 자신을 가꿔가는 과정이라 했을 때, 비슷한 집단끼리 모여 타인을 괴롭히거나 조롱하는 차별은 용납할 수 없는 범죄행위에 가까운 것

이다. 실제로 외모가 다르다는 이유로 다문화학생을 차별하거나, 왕따나 집단 괴롭힘의 행위도 차별의 차원에서 대응하고 심지어는 강한 처벌을 하는 상황이기도 하다. 이런 관점에서 성적 지향도 이와 마찬가지로 차별의 측면에서 바라봐야 한다.

다른 사람을 사랑하는 것은 인간의 자연스러운 심리작용이며 개인의 감정적 측면으로서 존중되어야 한다. 그것이 이성을 향한 것이든 동성을 향한 것이든 그들의 자유의지이며 그에 따른 이유로 비난받거나 조롱의 대상이 되어서는 안 된다. 즉 동성애를 조장하는 것이 아니라 동성애적 지향을 가졌다는 이유로 차별받아서는 안 된다는 것이다.

학교에서 이성애자가 아닌 동성애적 지향을 가졌다는 이유로 교사/학생을 학교 밖으로 내모는 것이 교육이란 이름으로 과연 타당한 행위인가? 이러한 이유로 차별을 하면 안 된다고 말하는 것이 동성애를 조장하는 것이라고 한다면 얼마나 터무니없는 과장인가? 심지어 일부 집단에서는 동성애를 병이라 여기고 치료를 해야 한다고 주장하기까지 하는 실정이니 이러한 차별의 시정을 위한 산을 넘기가 얼마나 어려운 과정이겠는가.

차별금지법 논란의 중심에 서다

2004년 국가인권위원회는 헌법의 '평등' 이념에 따라 정치·경제·사회·문화적인 모든 영역에서 어떠한 이유로든 불합리한 차별을 하지 못하도록 하는 것을 목적으로 18가지 종합차별금지법(성별·종교·장애·나이·사회적 신분·출신지역·출신국가·출신민족·용모 등 신체조건·혼인 여부·임신 또는 출산·가족상황·인종·피부색·사상 또는 정치적 의견·전과·성적 지향·병력 등) 제정을 추진했고, 그 결과 2007년 입법예고까지 되었지만 두 가지 큰 벽 앞에 결국 무산되고 말았다. 바로 기업과 개신교계였다.

재계에서는 학력과 병력에 대한 차별 금지가 자유로운 기업 활동을 막는다는 이유로 반대 의견을 제시했고, 개신교계에서는 성적 지향에 대한 차별 금지(동성애자나 트랜스젠더 등 성 소수자를 사회적으로 차별해서는 안 된다.)가 사실상 동성애 합법화나 다름없다는 이유로 이 법안의 입법에 강력하게 반발했다.

재계의 반발은 일시적이었고 결국 사그라졌지만 지금도 여전히 이러한 차별금지법 중에 제일 논란이 되는 것이 성적 지향 즉 동성애와 관련한 것이다. 기독교, 유교, 이슬람교 등 일반적으로 널리 퍼진 종교에는 대개 동성애에 반대하는 교리가 있는데 그 중에서도 동성애에 가장 민감한 반응을 보이는 종교는 기독교 중에서도 특히 개신교와 이슬람교이다. 같은 기독교 계통이지만 천주교에서는 교황이 직접 "동성애에 반대한다. 하지만 그렇다고 동성애자를 차별하면 안 된다." 는 공식 견해를 밝히기도 했다.

다시 대한민국. 논쟁은 현재 진행형

① 2008년 유엔 인권이사회가 한국에 차별금지법 제정을 권고
② 2012년에는 박근혜 대통령 후보가 차별금지법 제정을 공약.

나라별 성적 지향에 따른 법률과 정책(나무위키 https://namu.wiki. 2015.6)

나라	성적 지향에 따른 법률과 정책			
	동성애	동성결혼	동성애자 군복무	성적 지향이 포함된 차별금지법
미국	2003년부터 모든 주에서 합법 • UN 결의안 서명	16개 주, 워싱턴 DC, 8개 원주민 부족에서 합법. 연방정부는 동성부부를 인정함.	2011년부터 합법	몇몇 주에서만 차별 금지. 2009년부터 연방법에 혐오 범죄 처벌 규정이 추가됨.
캐나다	1969년부터 합법 • UN 결의안 서명	2005년부터 모든 주에서 합법	1992년부터 합법	혐오적 발언을 포함한 모든 차별 행위 불법
쿠바	1979년부터 합법 • UN 결의안 서명	×	×	○
아르헨티나	1887년부터 합법 • UN 결의안 서명	2010년부터 합법	2009년부터 합법	헌법상 모든 차별 행위를 금지하나 '성적 지향'이 확실히 포함되어 있지 않음
우즈베키스탄	남성 동성애만 불법 (최대 3년 징역)	×	×	×
이스라엘	1988년부터 합법 • UN 결의안 서명	헌법재판소에서 동성결혼을 인정했으나, 결혼 주재 권한을 가지고 있는 종교 단체들이 시행을 거부. 타국에서의 동성결혼 인정	○	일부 차별 행위에 대해서만 금지
사우디 아라비아	불법(사형 또는 종신형)	×	×	×
인도	불법(최대 10년 징역), 2009년부터 2013년까지 합법이었음.	×	×	×
중국	1997년부터 합법	×	×	×

계속

나라	성적 지향에 따른 법률과 정책			
	동성애	동성결혼	동성애자 군복무	성적 지향이 포함된 차별금지법
일본	1880년부터 합법 • UN 결의안 서명	×	×	몇몇 시에서 일부 차별 행위에 대해서만 금지
북한	불법(사형)	×	×	×
한국	2011년부터 합법 • UN 결의안 서명	×	×	군영 내 동성 성관계 처벌
대만	2004년부터 합법	×	○	일부 차별 행위에 대해서만 금지
남아프리카공화국	1998년부터 합법 • UN 결의안 서명	2006년부터 합법	1998년부터 합법	혐오 발언을 포함한 모든 차별 행위 금지
호주	1994년부터 합법 • UN 결의안 서명	×	1992년부터 합법	모든 차별 행위 금지
독일	1969년부터 합법 • UN 결의안 서명	×	○	모든 차별 행위 금지
러시아	1993년부터 합법. 그러나 2013년부터 공개적으로 성 소수자 권리를 지지하거나 동성애 행위를 할 경우 처벌받음.	×	○	×
프랑스	1791년부터 합법 • UN 결의안 서명	2013년부터 합법	○	모든 차별 행위 금지
영국	잉글랜드와 웨일스는 1967년부터, 스코틀랜드는 1981년부터, 북아일랜드는 1982년부터 합법 • UN 결의안 서명	잉글랜드와 웨일스, 스코틀랜드는 2014년부터 합법	○	모든 차별 행위 금지

유럽 연합은 성적 지향을 이유로 한 차별을 금지하고 있다. 모든 유럽 연합 국가들은 동성애 행위를 불법화해서는 안 되며, 차별금지법을 제정하도록 권고받는다.

2013년 보수단체 반발로 입법 무산

③ 2014년 11월 20일, 서울시민인권헌장을 만들기 위한 공청회가 열릴 예정이었으나, 여러 반(反)동성애 단체 및 개신교 단체 등에서 나온 회원 200여 명의 현장 점거로 공청회 중단. 제정 무산

④ 2015년 현재도 여전히 차별금지법은 국회에서 계류 중

⑤ 경기, 서울, 전북, 광주교육청 등 국가인권위 18개 차별금지 조항을 포함한 학생인권조례 제정 시행 중

다른 나라들은 저만큼 앞에

동성애자, 양성애자, 트랜스젠더(LGBT)를 포함한 성소수자의 권리는 각 나라와 지역별로 온전하게 보장받거나, 크게 제약을 받고 있다. 동성 결혼이 법제화된 국가가 있는 반면, 동성애 행위만으로도 사형에 처하는 국가가 존재한다. 성소수자의 권리는 기본적인 인권이자 시민권으로서 여러 항목을 포함하고 있는데, 경우에 따라서는 특정 권리들, 가령 동성부부의 아이 입양이나 동성애자의 군 복무 등이 제한되기도 한다.

2011년에 국제연합 인권이사회에서는 성소수자에 대한 혐오 범죄와 차별, 성소수자 처벌과 성소수자 권리 증진을 도모할 것을 요구하는 결의안을 채택했고 우리나라도 이 결의안에 서명을 한 바 있다.

8. 교육을 받을 권리

대한민국 헌법 제31조에는 "모든 국민은 능력에 따라 균등한 교육을 받을 권리를 가진다"라고 명시하고 있다. 이런 교육받을 권리는 교육에 대한 국가의 침해를 받지 않을 자유권적 성질과, 교육에 대한 국가의 적극적 배려를 요구할 수 있는 생존권적 성질을 동시에 가진다. 즉 능력에 따라 교육받을 권리란 인종, 성별, 신앙, 사회적 신분 및 재산, 가정환경 등의 차별을 받지 않고 교육받을 권리를 말한다. 또한 균등하게 교육받을 권리란 자신의 성별·종교 또는 사회적 신분으로 교육상의 어떠한 차별도 받지 않는 것을 말하며 이것은 단지 국가가 소극적으로 교육에 있어서 차별대우하지 않을 것을 의미할 뿐만 아니라, 교육의 기회가 실질적으로 균등하게 될 수 있도록 국가가 적극적 배려를 할 것을 의미한다. 교육받을 권리란 권리보장의 범위를 말하는 것으로 학교교육이 가장 중요하지만, 그 밖에 평생교육으로 사회교육·가정교육·공민교육 등이 있다. 이를 위해 헌법은 특히 국가의 평생교육 진흥의 의무를 규정하고 있다.

사례1. 장애학생 입학 후 달라진 학교

전북 익산의 ○○초등학교. 신입생 예비소집을 한 결과 신입생 중 어릴 적 사고로 인해 하반신이 마비되어 평생 휠체어를 타고 다녀야만 하는 학생이 있다는 사실을 알게 되었다. 그 학생의 입학을 계기로 그 학교는 입학 전까지 많은 준비를 하게 된다.

교육청에 신청을 하여 엘리베이터 설치예산을 확보하고, 특수교육활동 보조교사를 채용했으며, 교문부터 교실에 이르기까지의 턱을 전부 없애고, 계단 일부를 깎아 경사로를 만드는 등 기본 시설 사용에 불편함이 없도록 조치를 취했다.

또한 해당 학년 교육과정에 장애/비장애 학생이 함께 활동하는 통합교육 시간을 확보하며 신체적 불편을 넘어 차별받지 않는 교육을 하기 위한 노력도 함께 진행했다.

—

국가와 학교는 장애학생이 입학할 경우 그 학생이 비장애 학생과 같은 조건에서 교육을 받을 수 있도록 최선을 다해야 한다. 장애 유무를 떠나 모든 학생은 교육을 균등하게 받을 권리가 있기 때문이고 그 권리는 국가와 학교의 의무이기도 하다.

마찬가지로 성적이 우수하거나 저조하거나, 가난하거나 부유하거나 한부모 가정이거나 그렇지 않거나 등의 여부와 상관없이 누구나 능력에 맞게 균등하게 교육을 받을 권리가 있는 것이다.

수업배제

—
사례2. 학생이 잘못을 했어도 수업시간에는 입실하게 해야 하지 않나요?

경기학생인권상담 사례(2013)

고등학교 2학년 남학생의 학부모입니다. 우리 아이가 흡연 등 교칙 위반 행위를 이유로 아침 등교 후 5교시까지 수업에 들어가지 못하고 생활인권부에서 조사를 받았습니다. 아이의 잘못을 알지만, 중간고사를 앞두고 한두 시간도 아니고 거의 하루 종일 수업에 들어가지 못하게 한 것은 부당한 조치 아닌가요?

→ 학생을 지도하는 과정에서 잘못된 행위에 대해 스스로 책임을 져야 함을 이해시키고, 긴급하게 선도나 교육조치가 필요한 경우에는 대상 학생을 상담실이

나 학생지도실 등 별도의 공간에 따로 불러 조사를 진행해야 하는 경우도 있습니다. 하지만 이 사안의 경우 수업에서 배제한 채 장시간의 조사가 필요한 만큼 긴급한 상황도 아니었고, 정식 절차를 밟아 수업을 배제시킨 것도 아니기에 학교 측이 학생의 교육받을 권리를 침해한 것으로 판단됩니다.

출처 - 전북학생인권교육센터

학교가 보장해야 할 인권 중 가장 핵심이 되는 기본권 중의 하나가 교육을 받을 권리이므로, 학생지도를 위한 조사가 필요한 경우라도 가능하다면 수업 이외 시간에 조사를 진행하는 것이 바람직하다. 다만 상황에 따라 즉시 조사하는 것이 선도와 교육에 있어 가장 합리적이고, 조사를 위한 다른 시간적, 방법적 대체 가능성이 없는 경우에는 신속히 학생 조사에 대한 계획을 세우고, 학교장의 사전 결제를 통해 최소한의 범위 내에서 수업에서 배제시키고 조사하는 것은 가능할 것이다. 또한 학교장의 결재에 근거한 수업배제 조사라 할지라도, 조사의 긴급성이 인정되지 않는 경우나 조사 대체 가능성이 인정되는 경우라면 학생의 교육받을 권리를 침해했다는 판단을 피하기는 어려울 것이다.

더불어 학생이 수업을 방해하거나 교사의 지도에 불응한다는 이유로 교실 밖으로 내보내어 수업에서 배제하는 것 또한 생각해볼 문제이다. 학교규칙에 의거하여 상담실에서 상담을 받게 하거나 지도교사가 있는 상황에서 이른바 성찰교실로 보내는 등의 대체 지도방안이 마련된다면 합리적 이유가 될 수 있지만, 그렇지 않고 일방적으로 교실 밖으로 내보내는 것은 명백한 학습권 침해의 사유가 될 수 있는 것이다. 물론 해당 학생이 수업을 방해하거나 교사의 지도에 불응하는 등 명백히 교사의 교수권과 동료 학생의 학습권을 침해하는 행위는 그 자체로 학교규칙에 의거하여 별도의 패널티를 부과하는 것 또한 당연하다 할 수 있다.

여기서 살펴볼 것은 수업배제와 격리지도는 다르게 해석할 필요가 있다는 것이다. 학생의 성찰과 자기반성의 기회제공을 위해 수업시간에 뒷자리에 나가 있도록 하거나 교단 앞으로 책상을 옮기거나 하는 등의 일시적 격리지도는 학생 전체와 학생 개인을 위한 교육목적상 필요한 경우도 있으며 그것이 학생의 교육권을 침해했다고 보기는 어려운 것이 사실이다.

9. 집회 결사의 자유

한 사회의 민주주의가 얼마나 성숙했느냐는 그 사회가
표현의 자유를 얼마나 존중하느냐로 계량화할 수 있다.

_ 유엔 특별 보고관 프랑크 라뤼

공동체는 어떻게 유지되고 성
장하는가? 부분적으로는 그 구
성원들이 서로 만나 조직을 구성
하여 그들의 관심사를 처리하게
하면서 가능해지고 이러한 자유
는 공동체 참여의 중요성을 높인다.

손없는 학생인권조례제정 촉구 고3학생 기자회견
2011년 11월 23일 (수) 오후 2시, 전라북도의회 앞 광장

집회와 결사의 자유는 표현의 자유와 밀접하게 관련된 것으로 집단
적 표현의 자유라고 부르기도 한다. 이는 인권으로서의 자유권의 일
종이며, 어느 특정한 의제에 찬성하는 집단이 정부 등의 제한을 받지
않고 특정한 장소에 모이는 자유를 가리킨다. 다만 이러한 자유의 행
사는 다른 공동체 구성원의 의사 형성에 지대한 영향을 미치므로 여
기에는 특별한 의무와 책임이 따르게 되고 따라서 이러한 자유의 행
사는 일정한 제한을 받을 수밖에 없다. 하지만 그 제한은 말 그대로
지극히 제한적이어야 한다. 즉 타인의 권리를 존중하고, 공공의 안
전, 공공질서, 도덕의 보호를 위해, 타인의 권리 및 자유의 보호를 위
해 민주사회에서 필요한 것에 국한되어야 한다.

대한민국 헌법 제21조에서는 "모든 국민은 집회 결사의 자유를 가
진다."라고 명시하고 있고, 제37조 제2항에서는 사상·양심의 자유,
표현의 자유, 평화적 집회의 자유의 제한은 오로지 '국가안전보장, 질

서유지, 공공복리'를 위해서만 할 수 있고, 이 경우에도 '법률에 의하지 않고서'는 해당 자유를 제한할 수 없다고 말하고 있다. 즉 불가피하게 기본권을 제한하는 경우에도 자유와 권리의 본질적인 내용까지 침해하는 것은 안 된다고 설명하고 있는 것이다.

대한민국에서도 비준한 유엔아동권리협약은 제12조, 제13조, 제15조에서 아동의 자유로운 의사표현과 참여를 보장하고 있다. 그중 제15조에서는 "모든 아동은 결사의 자유와 평화적 집회의 자유에 관한 권리를 가진다"라고 규정하고 있다. 아동권리협약에서 이와 관련한 조항을 세 개나 둔 이유는 아동이 자신에게 영향을 미치는 어떤 사항이나 절차에 대해 적극적으로 의사를 표현하고 의견이 반영되도록 권리를 행사할 수 있는 당당한 주체라는 사실을 강조하기 위해서다.

—

사례1. 인권위 "학내 집회 금지 인권침해. 재발방지 권고"(교육희망 2008. 10. 22.)

학생들의 학내 집회 금지, 휴대폰 소지 금지, 0교시 강요 등은 학생들의 인권을 침해하는 것이라는 국가인권위원회의 판단이 나왔다.

국가인권위(위원장 안경환)는 울산 ㅅ중학교가 학생들이 '학생인권 보장' 등을 주제로 개최한 학내 집회에 대한 과도한 대응과 휴대폰 소지 금지 등에 대해 이같이 결정하고 재발방지와 학생들의 의사결정권을 존중하는 방향으로 재검토할 것을 권고했다고 21일 밝혔다.

이번 판단은 지난해 10월 '청소년 인권행동 아수나로' 활동가가 ㅅ중학교를 진정한 사안에서 시작됐다. ㅅ중학교는 재학생 150여 명이 지난 2007년 5월 10일 점심시간을 이용해 '학생인권', '두발자유'를 외치며 약 20분간 학내에서 집회를 하자 이를 강제 해산시킨 것에 대해 해당 집회가 '아수나로' 활동가인 진정인이 선동한 것으로 학교에 신고하지 않았기 때문에 불법집회로 보고 강제 해산시

켰다고 주장했다.

그러나 국가인권위는 △집회가 점심시간을 이용해 개최됐고 △다른 학생과 교사의 수업을 방해하지 않았으며 △평화적으로 전개됐고 △두발자유와 학생에 대한 체벌금지 등 학생의 권리와 관계된 집회였던 점을 들어 불법집회로 단정하기 어렵다며 "집회의 자유를 침해한 것"이라고 판단했다. 동시에 집회가 있던 날 해당 학생 20여 명을 체벌한 것에 대해서는 "학교 측이 마련한 '학생체벌 규정'의 제반 규정, 즉 체벌 원칙, 절차, 단계 등을 준수하지 않은 등 학생 지도 목적상 필요 최소한의 범위를 벗어난 가혹한 체벌"이라며 "헌법 제12조에서 보장하는 신체의 자유를 침해한 행위"라고 봤다.

박성남 국가인원회 침해구제본부 침해구제총괄팀 담당자는 이에 대해 "울산시교육청에 해당 교장과 교사에게 서면 주의를 줄 것을 권고했다"고 밝혔다.

학교측은 가정에서 학부모와 학생이 논의해 그 결과를 반영한 정단한 조치였다고 주장했으나 "우리나라 가족의 의사소통 및 결정구조 등을 감안할 때 학부모와 학생이 대등한 입장에서 논의해 결정했다고 기대하기 어렵다."고 국가인권위는 설명했다.

이에 대해 서○○ ㅅ중학교 교장은 "인권위가 교육을 하라는 것인지 말라는 것인지 모르겠다."고 불평을 하며 "강제 해산이 아니고 소란스럽게 해서 조용히 시켰을 뿐이다."고 반박했다. 이어 서 교장은 "강제 해산한 것이 아니니 재발방지 대책을 세울 것이 없다."고 말했다.

━

학생의 집회와 결사의 자유를 침해하는 것은 특정 학교에서만 일어나는 일이 아니다. 실제로 상당수의 학교에서는 학생 생활규정을 통해 "학생을 선동해 질서를 어지럽힌 학생은 교내 봉사를 하고 특별 이수교육을 받아야 한다. 불법집회나 동아리에 참석하거나 가입한 학생은 심할 경우 퇴학처분"까지 받을 수 있도록 하는 등 이와 유사한 규정을 둔 학교는 생각보다 많다.

민주적 공동체의 가장 기본적인 권리인 표현·사상·집회·결사의 자유는 그 자체가 인권의 한 부분이다. 하지만 일부 학교에서는 "학생들의 집회의 자유를 보장할 경우 외부세력의 선동에 의해 학교가 정치화될 수 있고, 다른 학생들의 면학분위기를 훼손할 수 있으므로 금지하는 것이 당연하다."라고 말하기도 한다. 실제로 각 지역별로 학생인권조례를 제정할 당시 보수단체와 한국교총 등에서 이러한 주장을 펼치기도 했다. 하지만 사회에서도 그렇듯 집회와 시위는 최후의 의사표현 수단이다. 자신의 주장이 묵살되거나 다양한 표현의 자유가 금지되고 억압될 때 분출되는 대표적인 방식인 것이다.

학교에서는 학생들의 집회를 금지하며 분출의 통로를 차단하는 것에 힘을 쏟을 것이 아니라, 그 이전에 학생들의 주장이 무엇인지 다양한 경로를 통해 귀를 열고 대화와 토론을 통해 합리적 해결방법을 모색해가는 과정이 우선되어야 한다. 이러한 자기표현과 참여의 과정을 통해 교육이 이루어진다고 보는 것이 타당하다. 학교에서 이루어지는 학습이 지적 영역에 국한되지 않고 민주주의의 훈련의 과정을 포함한다 했을 때 진정한 면학분위기 조성을 위해서라도 이러한 집회와 시위의 자유는 기본권으로서 보장되어야 한다. 또한 외부세력에 의해 학생들이 선동당할 것을 우려한다는 것 또한 기우에 불과하다. 외부세력이 아무리 선동한다고 할지라도 그것이 부당하다면 과연 학생들이 동조하겠는가? 그리고 자녀들 교육에 가장 민감하다는 대한민국의 학부모들이 그 상황을 좌시하겠는가?

다만 헌법에 명시한 바와 같이 집회는 타인의 학습을 방해하지 않는 범위에서 정당한 절차를 거쳐 어떤 방식으로 하는 것이 합리적인지를 교사/학생/학부모가 함께 토론하며 결정하도록 하고, 그 이전에 학교 내 민주적 토론과 표현의 자유가 잘 작동하도록 노력하는 것이 최선일 것이다.

10. 징계 및 절차에 관한 권리

출처 – 전북학생인권교육센터

초·중등교육법 제18조 제2항에서는 "학교의 장은 학생을 징계하려면 그 학생이나 보호자에게 의견을 진술할 기회를 주는 등 적정한 절차를 거쳐야 한다."라고 규정하고 있다. 여기서 말하는 적정한 진술의 기회와 절차란 단순히 '통지가 있었는가, 또는 의견 진술의 기회가 제공되었는가'로 판단하기보다는 통지가 충분한 시간을 두고 사전에 이루어졌는지, 의견 진술 시 충분한 방어권과 항변권을 보장했는지 등에서 적정한 절차 이행이 있었는지 등으로 판단하는 것이 바람직하다 할 것이다.

사례1. 징계절차에서의 적법절차 위반에 따른 인권침해 관련 국가인권위원회 결정례

1) 고등학교 학생이 두발자유화를 위한 집단행동을 촉구하는 전단을 작성 배포했다고 하여 학칙위반으로 퇴학 처분 시 해당 학생 또는 학부모의 의견진술 기회를 부여하지 않는 것은 적법절차 원칙 위반(2005.9.28. 결정)

2) 퇴학처분 시 보호자에게 알리지 않고 학생에게 소명기회를 주지 않은 것은 인권침해(2006.5.18. 결정)

3) 학생을 징계할 때에는 관계법령이 정하는 바에 따라 학생의 인격이 존중되는 교육적 방법으로 하고, 그 사유의 경중에 따라 징계 종류를 단계별로 적용하고, 해당 학생에게 개전의 기회를 충분히 허용하는 등 적절한 조치를 취할 것 (2006.6.28. 결정)

시도교육청은 교사가 불법적인 행위를 하거나 잘못을 저질렀을 때 자체 조사나 감사를 통하여 행정처분 또는 징계위원회를 열어 징계를 결정한다. 하지만 거기서 내려진 결정에 불복할 경우 해당 교사는 교육부에 설치된 교원소청심사위원회에 이의를 제기할 수 있다. 교원소청심사위원회는 이의신청된 사건에 대해 징계가 정당한지 또는 비슷한 사례에 비해 과했는지를 심사하여 인용 결정 또는 기각 결정을 내리게 된다. 이 과정에서 제일 먼저 살펴보는 것이 징계를 하는 과정과 절차의 적법성이다. 즉 시도교육청의 조사와 심사과정에서 피의자의

반론권이 충분히 보장되었는지, 절차상 하자는 없었는지를 살펴보는 것이다. 만일 이 과정에서 부당함이 발견된다면 대개의 경우 징계무효 처리를 하거나 재조사하여 결정하라는 판단을 내린다.

　이러한 원칙은 학생에게도 동일하게 적용되어야 한다. 현재 학교 내 징계규정(선도규정)은 학교장의 재량에 따라 학교 단위로 이루어지고 있어, 동일한 행위 내용과 동일한 성격의 학칙임에도 불구하고 각 학교별 징계기준(징벌량) 적용이 달라 징벌의 형평성 및 차별문제가 끊임없이 제기되고 있을 뿐만 아니라, 징계절차와 권리구제 절차 등에 관한 교육부 표준 예시안이 마련되어 있음에도 불구하고 학교에서 제대로 지켜지는 정도가 미흡한 실정이다.

　실제로 지도교사의 지도에 불응한 학생에 대하여 A학교의 경우에는 최저 훈계에서 최고 사회봉사까지, B학교는 최저 교내봉사에서 최고 퇴학까지 처벌기준이 마련되어 있는 경우도 있다. 또한 학생을 선동하여 질서를 문란하게 한 학생이나 불온 문서를 은닉, 탐독, 제작, 게시 또는 유포한 학생을 퇴학 처분하는 것을 학칙에 명시하는 등 자의적 해석의 범위가 매우 크거나 과도한 징계기준을 설정하여 행정상 과잉금지원칙(어떤 행정조치를 취할 경우 필요 이상으로 교육목적의 범위를 넘어선 징계를 해서는 안 된다는 원칙)을 위반하는 경우도 상당하다.

　학생의 징계는 "교육목적 달성을 위한 최소한의 범위" 내에서 학생에게 뉘우침의 기회가 주어질 수 있도록 해야 하므로, 징계절차에 있어서 당사자인 학생, 학부모의 참여와 의견 표명 기회 부여, 그 처분에 관하여 이의를 제기할 수 있는지 여부, 기타 이의절차 및 기간 등 필요한 사항을 명문화하고 사전에 고지하여 학생들의 권리가 제도적으로 보장될 수 있도록 노력해야 한다.

　학생에게만 엄격한 규정을 적용하고, 학교가 지켜야 할 절차를 소홀히 하는 것은 이치에 맞지 않다. 특히 퇴학은 학생이 더 이상 학교를 다닐 수 없게 되는 중대한 사안인 만큼 징계기준과 사유가 명확해야 하고, 단계별 심의 절차도 엄격하게 적용해야 한다.

전북 교육청 학교생활규정 예시안 중 징계

제26조(징계의 원칙)

① 학생의 징계는 징계사유에 대한 사전 통지, 공정한 심의기구의 구성, 소명의 기회 보장, 대리인 선임권 보장, 재심요청권의 보장 등 적법절차를 준수한다.

② 징계와 그 전후의 절차에서 징계대상 학생의 회복과 복귀를 목표로 하고, 그것을 위하여 지역사회, 보호자 등과 협력한다.

③ 학교의 장은 징계를 할 때에는 학생의 인격이 존중되는 교육적인 방법으로 하여야 하며 그 사유의 경중에 따라 징계를 단계별로 적용하여 학생에게 뉘우침의 기회를 주어야 한다.

④ 학교의 장은 징계를 할 때에는 학생의 보호자와 학생의 지도에 관하여 상담할 수 있다.

⑤ 징계 대상 학생의 신상정보를 노출시켜서는 아니 된다.

제29조(징계통보 및 진술권 보장)

① 학년 및 학교 생활교육위원회(이하 '각 위원회')는 징계 사안 심의 전에 간사의 사안 설명 및 해당 학생의 학교생활 · 품성 · 가정환경 등에 대한 의견을 담임교사(또는 상담교사)로부터 청취한다.

② 각 위원회는 학생 또는 보호자의 의견 진술을 듣는다.

③ 각 위원회는 학생 또는 보호자에게 '위원회 개최', '의견진술(소명) 기회 보장', '대리인 선임권 보장'에 관한 사항을 유선 또는 서면으로 통보해야 한다.(유선 통화일시, 내용의 기록 또는 서면 통보 사본을 보관한다)

제30조(심의 확정 및 재심 요구)

① 학교장은 각 위원회의 해당 학생에 대한 징계 의결 내용과 학생 또는 보호자의 진술내용을 검토하여 교육적인 차원에서 징계 및 징계 종류를 최종 결정한다.

② 각 위원회에서 징계 및 징계 종류가 결정되면, 이를 해당 학생과 보호자에게 즉시 통보하고, 보호자에게 학생 선도에 협조할 것을 요청한다.

③ 각 위원회의 결정에 대하여 학생 또는 보호자는 3일 이내에 재심을 요구할 수 있다.

④ 학교장은 재심 요구일부터 5일 이내에 재심 여부를 결정하여 당사자에게 통보하여야 한다.

⑤ 학교장은 각 위원회가 심의 · 의결한 사항에 대하여 필요하다고 인정할 때에는 위원회에 재심을 요구하거나 전체직원회의에 회부하여 심의 · 확정할 수 있다.

제31조(퇴학처분에 대한 징계 재심 청구)

① 학교위원회의 징계 처분 중 퇴학조치에 대하여 이의가 있는 학생 또는 보호자는 그 조치를 받은 날부터 15일 이내, 그 조치가 있음을 안 날부터 10일 이내에 '학생징계조정위원회'에 그 재심을 청구할 수 있다.

제32조(징계의 유보, 경감, 해제, 가중 등)

① 징계 중의 학생이라도 각종 시험에 응시하게 하되, 시험 참여기간은 징계기간에서 제외한다.

② 학교장은 징계 완료 전이라도 뉘우침의 정이 뚜렷하다고 인정될 경우에는 처벌의 경감 및 그 기간을 단축하거나 해제할 수 있다.

③ 징계 중에 있는 학생이 징계사안이 되는 행위를 했을 경우 가중 처벌할 수 있다.

제33조(사후 조치)

① 담임교사와 상담교사는 징계가 종료된 학생을 수시로 관찰 · 지도하고, 지도 내용 및 결과를 기록 · 보존한다.

② 퇴학 처분을 받은 자는 초 · 중등교육법시행령 제73조(중학교의 전학 등)와 제89조(고등학교의 전학 등)에 의거하여 전학 또는 재입학이나 편입학할 수 있다.

제34조(징계의 기준)

학교생활규정 재 · 개정 방향이 제시한 관련 근거 법령에 위반되지 않도록 유의하여 각 학교에서 전북 학생인권 조례 제19조 제2항의 절차를 거쳐 규정개정심의위원회에서 정한다.

11. 노동인권

인권을 인간이 누려야 할 기본적 권리라 했을 때 경제적·사회적·문화적 권리의 내용으로 가장 먼저 들 수 있는 것이 노동권이다. 노동권이란 인간이 자신의 의사와 능력에 따라 노동관계를 형성하고, 타인의 방해를 받지 않고 노동관계를 계속 유지하며, 노동의 기회를 얻지 못한 경우에는 국가에 대해 노동의 기회를 제공해줄 것을 요구할 수 있는 권리를 말한다.

출처 – 교육희망

사례1. 알바생 62% "부당대우 경험"(시사위크 2012. 11. 14.)

알바생 다섯 명 중 세 명은 아르바이트 근무 도중 부당대우를 경험하는 등 알바생의 근로환경이 여전히 열악한 것으로 드러났다.

그럼에도 불구하고 부당대우를 경험한 알바생 중 노동부 등 관계 기관에 도움을 요청한다는 응답은 단 20%에 불과했다. 14일 잡코리아가 운영하는 아르바이트 구인구직 포탈 알바몬(www.albamon.com)이 최근 아르바이트 근로자 311명을 대상으로 설문조사를 실시한 결과에 따르면 알바생의 62.4%가 '아르바이트 도중 부당대우를 당한 적이 있다'고 답했다.

알바생들이 실제 근무현장에서 겪는 부당대우를 모두 골라보게 한 결과 '사장

님 마음대로 지켜지지 않는 급여일'(23.8%, 이하 응답률)이 1위를 차지했으며, '아예 임금을 주지 않았다'는 응답이 12.5%를 차지하는 등 '임금 체불'을 경험한 알바생이 36%에 달했다.

'야근 및 휴일 근무 수당 미지급'(23.2%)이 근소한 차이로 2위에 올랐다. 또한 '최저임금에 미달하는 급여'를 받아보았다는 알바생도 21.5%에 달했으며, '근로시간을 무시한 무리한 야근 및 연장근무'(18.6%), '휴식시간 비준수'(15.1%) 등의 응답이 뒤를 이었다. 그 외 '마음대로 급여액 삭감'(11.3%), '퇴직금 미지급'(10.9%), '인격 무시 및 조직적인 따돌림'(8.7%), '부당해고'(5.8%) 등의 응답도 있었다.

이처럼 알바생들은 부당대우에 노출되어도 노동부 등 관계 기관에 대한 도움 요청에는 소극적인 것으로 나타났다. 즉 전체 부당대우 경험자 중 '노동부에 도움을 요청했다'는 응답자는 80.9%에 불과했다.

노동부에 도움을 요청하지 않는 이유로는 '절차가 복잡하고 까다로울 것 같아서'가 40.8%로 1위를 차지했으며, '실질적으로 도움이 되지 않을 것 같아서'(14.6%), '그런 게 있는지 몰라서'(12.7%) 등 알바생들의 편견이나 오해가 상당 부분 작용한 것으로 조사됐다.

또 '신고 후 불이익이 올까봐'(24.2%), '내가 직접 해결하는 편이 나을 것 같아서'(5.1%) 등 실효성을 의심하는 의견도 적지 않아 정책적인 홍보와 더불어 노동부의 강제력 강화 등의 대책 마련을 시사했다.

한편 아르바이트 시작 전 '근로계약서 작성 여부'를 묻는 질문에는 전체 응답자 중 단 23.2%만이 '근로계약서를 서면으로 작성하고 일을 시작했다'고 답했다. 알바생의 약 절반(46.6%)은 '서면계약 없이 구두계약 후 업무를 시작했다'고 밝혔으며, 30.2%는 아예 '아무런 계약이나 설명 없이 바로 일을 시작했다'고 답했다.

노동권은 성인의 경우와 달리 학생의 경우 대개 정규직이 아닌 시간제 아르바이트로 대표된다. 하지만 비정규직이나 초단기 아르바이트라 하더라도 노동권이 보장되지 않는 것은 아니다. 공정한 임금과 평등한 노동조건이 보장되어야 하고, 안전하고 건강한 노동환경이 제공되어야 하며 휴식권도 보장되어야 한다.

2012년 고용노동부 조사에 따르면 우리나라의 근로 청소년의 수는 23만여 명에 이르고 있고 고용노동부의 2013년 청소년 아르바이트 감독 결과는 85.8%가 법을 위반하고 있다고 밝히고 있다. 즉 이미 청소년들의 아르바이트가 보편화되어 있고 이들의 노동 조건과 환경이 매우 열악하다는 것을 말하고 있는 것이다. 이것은 소규모 사업장이나 자영업자 중심으로 청소년 고용이 이루어지고 있는 현실과도 무관하지 않을 것이다.

또한 정부기관이나 시민단체, 교직단체 등에서 실시하는 청소년 노동인권에 대한 인식 조사들을 살펴보면, 청소년들이 아르바이트 현장에서 부당한 대우를 받고 있으나 이에 대해 마땅히 대응할 방법을 찾지 못하고 있으며, 교사들의 경우에도 청소년 권리보호법 등에 대한 인지도가 낮아 상담은 할 수 있지만 구체적인 해결방법을 모르는 경우가 많은 것으로 나타났다.

청소년들이 학교 안에서만 보호받아야 한다는 생각은 이미 시대에 뒤떨어진 생각이다. 학교 안이든 밖이든 청소년들의 권리 의식이 바르게 형성될 때 우리 사회는 진일보할 수 있다.

미성년자 고용에 관한 10개 가이드라인(고용노동부)

1. 원칙적으로 만 15세 이상의 청소년만 근로가 가능합니다.
   - 13~14세 청소년은 지방고용노동관서에서 발급하는 취직인허증이 있어야 합니다.

2. 아르바이트를 지원할 때(연소자를 고용할 때) 다음 2가지는 꼭 확인하세요.
   - 부모님(친권자 또는 후견인) 동의서와 연령을 증명하는 가족관계 기록사항에 관한 증명서(호적등본 또는 주민등록등본)를 제출해야 합니다.
   - 또한 사업자는 이를 반드시 확인하고, 사업장에 비치해야 합니다.

3. 근로계약서를 꼭 작성해야 합니다.
   - 청소년도 근로계약서를 반드시 작성해야 하며, 사업주 역시 근로계약서에 대한 작성을 확인 및 교부해야 합니다.
   - 근로계약서에는 임금(계산방법, 지급방법 포함), 소정 근로시간, 휴일, 휴가, 업무내용 등이 반드시 포함되어 있어야 합니다.

4. 성인과 동일한 최저임금(2015년 기준 시간당 5580원)을 적용받습니다.
5. 위험한 일이나 유해한 업종의 일은 할 수 없습니다.
6. 하루 7시간, 일주일에 40시간 이상 일할 수 없습니다.
   - 연장근로는 연소근로자와 합의가 필요하고 1일 1시간 1주 6시간 이내
   - 야간근로와 휴일근로는 원칙적으로는 할 수 없음. 단, 연소자가 동의하고 지방고용노동관서의 인가를 받으면 가능

7. 휴일에 일하거나 초과근무를 했을 때는 50%의 가산 임금을 받을 수 있습니다.
   - 5인 이상 고용사업장의 경우, 연장, 야간, 휴일근로를 했을 때 가산임금으로 통상임금(시간급)의 50%를 더 지급받습니다.

8. 1주일에 15시간 이상 일을 하고, 1주일 동안 개근한 경우, 하루의 유급휴일을 받을 수 있습니다.
   - 5인 이상 고용사업장의 경우 1개월 개근한 경우에는 하루의 유급휴가를 주어야 합니다.

9. 일하다 다쳤다면 산재보험법이나, 근로기준법에 따라 치료와 보상을 받을 수 있습니다.
10. 부당한 처우를 당하거나 궁금한 사항에 대한 상담은 국번 없이 1350

청소년 아르바이트 업종별 가이드라인(고용노동부)

배달 아르바이트
- 사용자는 개인 보호 장구 무상 지급
- 연속 1시간 이상 배달한 경우 10분간 휴식 보장
- 우천, 결빙으로 도로 사정 나쁠 땐 배달 중지
- 반바지, 슬리퍼 착용 불가
- 3곳 이상 연속 배달 불가

편의점 아르바이트
- 사용자는 의자 비치 및 계산대 부근 CCTV 설치 의무
- 술, 담배 등 미성년자 구매 불가 물품에 대한 사전교육 실시
- 화장실 출입, 휴식권 보장
- 근로청소년 고의가 아닐 경우 물품배상 요구 불가
- 손님과 시비가 붙었을 땐 사용자에게 연락

패스트푸드점 아르바이트
- 사용자는 조리기계에 사용설명, 주의사항 부착 의무
- 날카로운 도구를 사용한 조리 금지
- 기름 등 고온을 이용한 조리의 경우 유의사항 숙지
- 가스 사용 전후 잠금장치 점검
- 조리실 내 장화, 장갑 착용

주차안내 아르바이트
- 사용자는 주차장 출, 입구에 감속표지판 배치 의무
- 근로청소년이 직접 주차 불가
- 유니폼 착용 필수
- 지하, 야간 근무 땐 유니폼에 야광띠 부착
- 차량사고 발생 시 즉시 관리책임자에게 연락

사례2. 5개 시도 고교생들, 최저임금과 노동조합 배운다

서울 · 광주 · 충남 · 전북 교육청도 경기도 교육청의 〈민주시민〉 교과서 사용하기로
(오마이뉴스 2015. 2. 23.)

5개 시도교육청이 올해부터 청소년들에게 '최저임금과 노동조합' 내용 등을 다룬 교과서를 공동으로 사용하기로 했다. 우리나라는 여태껏 교육 선진국과 달리 학생들에게 노동인권 문제를 제대로 가르치지 않았다.

23일 서울·광주·충남·전북 교육청은 "지난해 경기도 교육청이 펴낸 〈더불어 사는 민주시민〉 교과서를 공동으로 사용하기로 했다"고 밝혔다.

초등 3~4학년생용, 초등 5~6학년생용, 중학생용, 고교생용 등 모두 4종으로 펴낸 이 교과서는 노동·인권·평화·환경·민주주의·미디어·선거 등 주요 사회 가치를 담고 있다. 고교용 교과서를 살펴봤더니 단원은 ▲인권과 시민 ▲평화와 공존 ▲민주주의와 참여 ▲노동과 경제 ▲언론과 미디어 등 모두 8개였다.

이 가운데 '노동과 경제' 단원에서는 최저임금제에 대해 설명하고 있다. '한 시간 일하면 햄버거를 몇 개나 살 수 있을까?', '내 한 시간의 노동 가치는 얼마일까?' 등의 소제목에서는 최저임금제의 목적, 적정한 최저임금액 등을 생각해보도록 했다. 아르바이트를 하는 학생들에게 실제 도움이 되는 내용으로 보인다.

이어 노동조합에 대한 설명에서는 노동3권 가운데 하나인 파업권에 대한 설명도 빼놓지 않았다. 파업에 대한 학생들의 생각도 묻고 있다. 파업에 대한 학생들의 균형 잡힌 이해를 위해 '쟁점 토론하기'에서는 학교 비정규직 노조의 파업을 놓고 '학생들을 고려하지 않은 이기심' 대 '책임 있는 노동자 되기 위해 파업'이라는 상반된 생각을 담은 읽기자료를 제시해놓기도 했다.

이 밖에도 두발 규제, 공기업 사유화, 양심적 병역 거부자 문제, 언론의 두 얼굴 등 여느 교과서에서 찾아볼 수 없는 내용들도 담고 있다.

5개 시도교육청은 올해부터 초중고의 '창의적 체험활동' 시간 등을 활용해 해당 교과서를 갖고 학생들을 가르치도록 권장할 예정이다.

전북 교육청 관계자는 "〈민주시민〉교과서는 특정 생각을 학생들에게 주입하는 것이 아니라 다양한 사회 문제에 대해 찬반 자료를 읽은 뒤 토론을 벌이도록 짜여 있다"면서 "내용 또한 초중고 현직 교사들이 균형 잡힌 시각을 갖도록 연구, 집필한 것이기 때문에 신뢰성이 높다"고 평가했다.

—

4

인권교육을 위한
교육과정 및 방법

1. 인권교육이 뭔데? 인권교육의 정의

인권에 대해 배우는 것 자체가 권리이다.

무지를 강요하는 것, 내버려두는 것은 인권침해이다.

그리고 교육은 인권과 자유의 주춧돌이다.

_ 유엔 '인권, 새로운 약속'

출처 – 전북학생인권교육센터

　　모든 인권활동이 그 자체로서 교육적 성격을 지니지만, 이 모든 것
을 인권교육이라고 부르기는 어렵다. 인권교육이 인권활동과 구분되
는 것은 바로 인권에 관한 지식과 기술, 가치 등을 가르치고 배우기

위한 교육 그 자체의 목적을 가지고 특별히 설계된 활동이기 때문이다. 사람들이 자신의 권리를 알고 이를 행사할 수 있을 때 비로소 인권은 권리가 된다. 즉 인권교육은 인권에 관하여 알게 하는 일련의 교육적 행위라고 말할 수 있다. 흔히 교육내용 중 가장 기초적인 것을 3R 'Reading(읽기)', 'wRiting(쓰기)', 'aRithmetic(셈하기)'이라고 하다가 최근에는 여기에 'Rights(권리)'를 더하여 4R이라고 할 정도로 인권교육은 인간으로서의 삶을 위한 학습내용인 것이다.

학생인권조례에 의거하여 학생인권센터가 설립된 서울, 경기, 전북, 광주의 상담사례와 그에 따른 조치결과를 살펴보면 유사점을 발견할 수 있다. 인권침해로 판단되어 행정처분을 포함하여 징계를 받은 교사들의 상당수가 경력이 비교적 짧은 교사들이거나, 예비교사 시절을 포함한 초·중·고 학생시절 및 교사가 되고 나서도 인권에 대해 교육이나 연수를 받은 경험이 거의 없다는 사실이다. 인권의 개념은 확장되고 보편화되고 있지만 여전히 과거의 방식으로 열정만 가지고 지도하다가 의도와 다르게 인권침해를 하게 되는 경우가 많다는 것이다. 이것은 그만큼 우리 교육에서 인권이나 권리의식에 대한 교육이 소홀했다는 방증이기도 하며, 더 적극적으로 인권에 대한 교육을 진행해야 하는 이유이기도 한 것이다.

유엔은 세계인권선언을 제정한 이후 인권에 대한 구제활동을 지속적으로 해오다가, 지속가능한 인권보장을 위해서는 적극적인 교육활동이 전제되어야 한다는 필요를 느끼고 지난 2004년 모든 사회분야에서의 인권교육 프로그램의 이행을 발전시키고자 세계인권교육 프로그램(World Programme for Human Rights Education)을 수립했다. 이른바 '2차 유엔인권교육 10년'에 따르면 인권교육이란 보편적 인권문화의 구축을 지향하는 학습, 훈련과 정보 습득의 노력으로 정의될 수 있으며, "인권과 기본적 자유에 대한 존중 강화, 인격과 존엄성에 대한 감수성의 완전한 발달, 모든 국가, 선주민, 소수집단 간의 이해, 관용, 남녀평등 및 우애 증진, 법치주의에 기반을 둔 자유롭고 민주적인 사회에서의 모든 구성원들의 효과적인 참여를 합법화할 것, 평화의 구축 및 유지, 인간중심적이고 지속가능한 발전과 사회 정의의 증진"을 목표로 하여 각국에서 인권교육활동을 진행할 것을 결의하였다.

이에 따라 최근 우리나라에서도 인권교육지원법(가칭) 논의가 나오면서 법적인 측면에서 인권교육의 중요성을 강조하기 시작하고 있고, 학생인권조례가 제정된 지역에서는 의무적으로 교사·학생·학부모를 대상으로 한 인권교육을 실시하도록 하고 있으며, 경기도의 경우 '민주시민' 이라는 보조교과서를 만들어 인권교육을 지원하고 있는 실정이다.

2. 왜 가르쳐야 하나? 인권교육의 당위성

모든 인간은 태어날 때부터 자유로우며, 동등한 존엄과 권리를 가진다. 인간은 천부적으로 이성과 양심을 부여받았으며,
서로를 형제애의 정신으로 대해야 한다.

_ 세계인권선언 제1조

———
사례1. 인권교육에 대한 인식

얼마 전 ○○초등학교로 인권교육을 하러 가서 겪은 당황스러운 일이다.

수업 시작 전 명함을 주고 인사를 하며 이런 저런 이야기를 하던 중에 명함을

유심히 살펴보던 학교관리자가 학부모의 이야기인양 빗대어 자기 속내를 이야기한다.

"전교조나 인권단체가 인권교육을 빗대 이념교육을 한다는 학부모들의 오해가 있을 수 있습니다."

"그런가요? 이념교육은 정권이 하지 않나요? 학교에서 4대강 홍보하라고 하질 않나? 역사왜곡, 교과서 왜곡하지 않나? 근데 이런 건 어떻게 생각하세요?"

"……."

잠깐의 어색한 침묵이 이어진 후 수업시간이 되어 교실로 들어가 한참 수업을 진행하고 있는데 예고도 없이(심지어 노크도 없이) 그 관리자가 교실에 불쑥 들어온다.

학교관리자의 장학권과 교사의 수업권, 학습자의 학습권은 보호되어야 하고 이 권한과 권리들은 상호 충돌하는 개념이 아니라 상호 보완적이어야 한다. 따라서 사전 협의를 하고 수업자에게 양해를 구한 뒤 들어온다면 기꺼이 환영하겠으나 느닷없이 들어오는 것은 명백한 수업권침해이다. (만일 교장실에서 교장선생님이 손님을 만나고 있는데 느닷없이 들어가 빤히 쳐다보고 있다면 바로 예의 없는 사람 취급을 받았겠지.) 평소에도 교사들의 수업시간에 무시로 드나들었기에 아무런 문제의식 없이 했던 행동이리라. 당황스러워 수업을 끊고 어찌 오셨느냐고 물으니 얼버무린다.

"얘들아. 지금 인권교육하고 있는 거지? 너희들의 학습권과 교사의 수업권은 보장되어야 하는 거란다. 그런데 이렇게 느닷없이 누군가 교실에 들어온다면 이것도 인권(권리)침해야. 자신의 인권이 침해당한다고 생각하면 정당한 방법으로 이의를 제기하는 게 맞는 거야. 알았지?"

그러자 그 관리자는 얼굴이 벌게지더니 당황해하며 나가버린다.

수업 중 느닷없이 들어온 학교관리자는 인권교육의 훌륭한 예시가 되어버렸다.

학교에서 인권교육은 학생을 대상으로 하는 것도 중요하지만 교사와 관리자들의 인권의식을 높이는 것이 훨씬 더 중요하다. 교원의 낮은 인권의식은 직업적 특성상 학생들에게 인권의 잣대로서 지속적으로 영향을 미치기 때문이다.

인권은 인간으로서의 존엄성을 향유하는 데 있어서 가장 기본적이고 보편적인 권리로서, 계층이나 성별, 연령과 같은 요인은 물론 어떠한 조건에 의해서도 제한받아서는 안 된다. 그러나 실제 우리 사회에서 개개인의 인권이 보장되고 자신이 누려야 할 권리를 충분히 인지하고 있는지에 대해서는 회의적인 시각으로 바라보는 것도 사실이다.

특히 학교에서는 그동안 입시위주의 교육 속에서 하나의 정해진 목표를 향해 올인하는 것이 암묵적으로 동의되다 보니 '인간으로서'가 아니라 '학생이기 때문에', '교사도 그 목표를 향한 부속품처럼' 제한받고 통제당하는 것이 당연한 것처럼 인식되어 왔다. 실제로 학교는 다른 곳에 비해 획일화된 기준과 경쟁을 통한 삶의 방식을 상당부분 강요하고 있다. 학교에서의 체벌, 언어폭력, 사생활의 자유 침해 등의 다양한 방법으로 학생들의 인권을 제한하며, 이러한 반인권적인 문화는 학교 내에서 다양한 차별이나 편견을 만들어왔다. 또한 비민주적인 학교문화는 학생들뿐 아니라 교원 간에도 드러난다. 학생인권이 침해되어 상담이 접수되는 사례의 학교를 살펴보면 재단이나 학교관리자들에 의해 교사들에게도 심각한 인권침해가 벌어지는 사례가 대부분임이 이를 증명하기도 한다.

인권은 기본적 권리로서 누구나 누려야 한다는 측면에서 정규학교 교육과정을 통해 학습되어야 한다. 또한 학교에서 인권을 학습하는 것 자체가 인권을 갖는 시작점이기도 하다. 이런 점을 고려한다면 학교에서 일어나는 다양한 인권침해 사례를 직접적인 교육내용으로 다루고 문제해결을 시도해야 할 것이다. 학생들을 대상으로 한 교육활동뿐 아니라 지속적으로 교사의 연수를 통해 교사들의 인권감수성을 높이고 인권에 기반한 접근법을 통해 문제를 해결하려는 자세가 매우 중요하다.

일반적으로 어떤 내용을 학습할 때 결정적인 시기를 고려하여 학습 시기를 결정한다. 많은 연구자들은 초등학교 수준이 구체적인 인권 문제에 대하여 관심을 가질 뿐만 아니라 인권에 관한 태도를 기르는 데 결정적인 시기라고 말한다. 즉 인권교육을 통해 이 시기 학생들에게 나타나는 자기중심성을 줄어들게 할 수 있으며 타인에 대한 존중감을 높일 수 있기 때문이다.

그렇다면 인권교육이란 무엇이고 왜 필요한지에 대해 살펴본 다음, 어떤 목표를 가지고 어떤 사람을 만들 것인지를 고민해야 할 것이다. 흔히 전인격적 성장과 인간발달을 교육의 대전제로 삼을 때 지·덕·체의 조화로운 발달을 교육목표로 삼는 것이 일반적이다.

먼저 인권교육에서 지적 영역은 인권과 기본적 자유에 대한 앎을 바탕으로 해야 한다. 인권교육은 기본적으로 인권이 무엇인지 알고 자신이 가진 인권을 바탕으로 자유로운 삶을 누릴 수 있음을 알게 하는 것이어야 한다. 즉 인간으로서의 자신의 존엄성을 알도록 돕는 것이며, 자존심을 갖게 하는 것이어야 한다.

둘째로, 인권교육에서 정의적 영역은 인간의 존엄성에 대한 이해와 책임감을 갖게 하는 것이다. 자신의 인권이 소중함을 인지하듯이 타인도 자신과 동등한 존엄과 권리를 가졌음을 알고 그에 대한 책임감을 갖게 하는 것이다. 즉 사회적 관계 속에서 인권을 생각하고 실천하도록 노력하는 자세를 가지도록 해야 한다는 것이다. 흔히 인권을 이야기할 때 권리의 영역만 가르친다는 편견이 있는데 절대 그렇지 않다. 인권은 권리와 책임을 동시에 가르치는 것이고 타인의 권리를 존중하려는 노력과 병행할 때 완성되는 것이다.

셋째로, 제일 중요한 것은 인권의 실천영역이다. 인권교육은 모든 사람들이 자유롭게 사회적 참여를 행할 수 있도록 해야 한다. 인권교육은 인권을 누리지 못하는 사람들의 인권을 찾아주고 함께 사회적 연대를 실천하며 결국 모든 사람이 자유로운 사회에서 살도록 하는 것을 목적으로 해야 한다.

3. 뭘 가르쳐야 하나? 인권교육의 내용

반대하는 것이 신성한 것은 아니다.
반대할 권리가 신성한 것이다.

_ 토머스 아놀드

흔히 교육의 설계도를 교육과정이라 한다. 실제로 어디에 무게중심을 두고 교육과정을 편성하느냐에 따라 교육의 실천은 달라지고 장기적으로는 한 사회의 가치관과 국가의 이념지향도 달라지는 것을 흔히 볼 수 있다.

동서고금의 역사에서 흔히 독재자들이 군사력을 바탕으로 권력을 장악했을 때 그 정권의 안정을 위하여 제일 먼저 하는 것이 군대와 공권력의 장악일 것이다. 언제 무너질지 모르는 정권의 취약성을 보완하기 위해 강력한 공권력을 통치 도구로 활용하는 것이다. 그리고 어느 정도 안정이 되었다 싶으면 자신들의 정권과 세력을 유지하고 재생산하기 위하여 교육시스템을 장악하고자 노력한다. 여기서 말하는 교육시스템의 주요 심장이 바로 교육과정에 해당될 것이다. 현재 한국사 교과서를 국정 교과서로 전환하려는 시도는 역사를 자신들의 입맛에 맞게 고치고 그것을 교육이라는 이름으로 학생들의 머리에 각인시켜 그것이 사실인양 후대에 전하고자 하는 것으로 교육을 수단화하는 대표적인 사례라 할 것이다.

우리나라의 초중고 교과서에도 주로 도덕과목과 사회과목을 중심으로 인권의 가치가 일부 녹아있는 것은 사실이다. 또한 창의적 체험활동이나 재량활동시간을 활용해 인권교육을 권장하고 있기도 하지만 '인권'이라는 독립적인 교과나 주제로 다루기보다는 가치 중심으로 산발적으로 다루고 있는 형편이다.

이에 학생인권조례를 처음 시도하고 인권교육을 주요한 교육목표로 삼았던 경기도 교육청의 '민주시민교과서' 제작을 시작으로 타 시도에서도 인권이라는 주제에 대해 서서히 주요하게 다루어가고 있으며, 더 나아가 인권이라는 독립된 교과를 신설해야 한다는 주장까지 대두되고 있는 형편이다.

학교인권 교육과정의 구성에서 고려해야 할 중요한 요소는 인권교육의 내용 선정과 배열에 관한 것이다. 우리나라에서 인권교육에 대해 독립적으로 연구가 수행되지 못하고 있는 형편에서 유엔인권고등판무관실에서 작성한 인권교육 개념도와 서울대교육연구소에서 제시한 학교급별 인권교육의 내용 체계를 살펴보면 다음과 같다.

인권교육 개념도(유엔인권고등판무관실)

수준	목표	핵심 개념	행위 목표	관련 인권문제	관련 법, 제도
유아기 유치원, 초등학교 저학년 3~7세	• 자기존중 • 부모와 교사 존중 • 타인존중	• 자아 • 공동체 • 개인의 책임 • 의무	• 공평, 공감 • 자기표현, 경청 • 협동, 공유 • 소집단 작업 • 개별 작업 • 원인, 결과의 이해 • 민주주의, 갈등 해소	• 인종차별 • 성차별 • 불공평 • 타인에 대한 상해	• 학급 규범 • 가족 생활 • 공동체 규범 • 세계인권선언 • 아동권리에 관한 협약
아동기 초등학교 고학년 8~11세	• 사회적 책임 • 시민권 • 욕구, 필요, 권리의 구분	• 개인의 권리 • 집단의 권리 • 자유, 평등, 정의 • 법규, 정부 보안	• 다양성의 존중, 공평 • 사실과 의견의 구분 • 학교 혹은 공동체 내에서의 봉사 • 시민적 참여	• 빈곤, 기아 • 부정의 • 자민족중심 주의 • 자기중심주의 • 수동성	• 인권의 역사 • 지역, 국가 수준에서의 법체계 • 인권의 관점에서 본 지역적, 국가적 역사, 유니세프, 유네스코, NGO
청소년기 중학교 12~14세	• 특정화된 인권에 대한 지식	• 국제법 • 국제평화 • 세계발전 • 세계 정치경제 • 국제 생태계	• 다른 관점에 대한 이해 • 증거에 의한 관념의 정당화 • 연구 수행, 정보 수집 • 정보의 공유 • 공동체적 봉사와 실천	• 무관심, 냉담 • 냉소주의 • 정치적 억압 • 식민주의, 제국주의, 경제의 세계화 • 환경파괴	• 유엔협약 • 인종차별 철폐 • 성차별 철폐 • 인권관련지역협약 • 유엔난민대표사무소
청년기 고등학교 15~17세	• 보편적 규준으로서의 인권에 대한 지식 • 개인의 의식과 행위 수준에서의 인권의 통합	• 도덕적 포섭, 배제 • 도덕적 책임, 교양	• 시민조직에의 참여 • 시민적 책임의 완수 • 시민적 불복종 • 공동체적 봉사와 실천	• 대량학살 • 고문 • 전쟁범죄	• 제네바협약 • 특정화된 협약들 • 인권규범들의 전개, 진화

학교급별 인권교육 내용체계(문용린 외. 서울대학교 교육연구소)

수준	목표	핵심 개념	학년	상세 목표	관련 문제
유치원	자신의 인권을 보호하고 타인의 인권을 존중할 줄 아는 기본 생활 습관을 형성하도록 한다. ① 아동은 가정, 학교, 사회에서 존중되고 보호받아야 할 존재임을 의식한다. ② 안전, 청결, 공평함, 친구와 사이좋게 지내기 등 낮은 수준에서 자신과 타인의 인권을 보호할 수 있는 기본 생활 태도를 형성한다. ③ 살아 있는 동식물의 생명을 소중히 여기는 태도를 기른다.	**태도 · 가치관** (1) 자기존중의 태도 가) 자신 안전을 스스로 돌볼 수 있는 태도 나) 청결, 건강을 스스로 보호하는 습관 (2) 타인의 권리 존중 태도 가) 다른 아동의 안전을 생각하는 태도 나) 서로 공평하게 놀이할 수 있는 태도 (3) 생명 가치에 대한 존중	초급	• 가정, 유치원, 사회에서 아동으로서 존중받기 • 다른 아동과 친구 되기 • 교사 또는 어른의 지시에 잘 따르기	• 유치원 환경에의 적응 문제 • 놀이, 초등학교 등에서 안전사고의 문제
			고급	• 혼자 힘으로 자신의 안전과 건강을 지키기 • 다른 아동을 자신과 동일하게 인식하기 • 놀이에서 공평하게 행동하기 • 동식물을 정성껏 기르기	• 자기 중심적 태도의 문제 • 다른 아동에게 해를 입히는 문제

계속

수준	목표	핵심 개념	학년	상세 목표	관련 문제
초등학교	인권을 의식하는 기본 생활 태도, 자신의 인권을 적극적으로 보호하고 타인의 인권을 존중하는 기본 개념을 형성하도록 한다. ① 가정, 학교, 사회에서 보호받아야 할 아동의 권리를 의식하고, 자신의 권리가 침해받지 않도록 한다. ② 잘못된 고정관념이나 편견을 의식하고 타인의 권리를 존중해야 할 책임의식을 기른다. ③ 자신과 타인의 인권보호에 대한 태도를 형성한다.	**태도·가치관** (1) 인권과 아동의 권리에 대한 의식 가) 존중받아야 할 자신의 권리에 대한 의식 나) 존중해주어야 할 타인의 권리 의식 (2) 인권보호에 대한 태도 가) 자신의 인권보호에 대한 적극적 태도 나) 타인의 인권보호에 대한 적극적 태도 (3) 타인의 권리 존중 태도 가) 타인의 권리 방어의 책임 나) 타인의 의견 경청 다) 자기가 가지고 있는 편견의 인식 라) 차이의 수용 (4) 인권관련 태도 가) 관용 나) 평화·비폭력 다) 공동체 의식 라) 공평·평등 마) 생명 존중	1	• 좋은 자녀, 친구, 학생 되기 위해 환경으로부터의 안전	• 가정·학교·사회생활에서 자신의 위치와 역할 살피기 • 학교·지역사회 생활과 안전
			2	• 타인에게 피해 주지 않기 • 타인의 의견 듣기	• 학생간 괴롭힘 문제 • 무질서 문제 • 자기만 아는 태도 문제
			3	• 차별하지 않기 • 규칙적용의 공평	• 편견과 차별 • 약자와의 공존 • 성차별 • 인종차별
			4	• 아동의 권리와 책임 • 아동의 권리 배경으로서 인간존엄의 정신 알기 • 개인과 집단의 권리	• 권리와 의무 • 무 책임한 주장과 행동 • 자기의 권리와 타인의 권리
		인권의 기본개념(초급 수준에서의 이해) (1) 인간의 존엄과 가치 (2) 자유권, 생존권 **인권에 관한 법과 제도(초급 수준에서의 이해)** (1) 인권 보호의 제도 가) 국가기구 나) 인권관계 법률 (2) 인권관련 문서 가) 아동의 권리에 관한 규약 나) 세계인권선언	5	• 자신의 인권 보호하기 • 인권침해에 예민하기	• 아동의 인권보호의 필요성 인식 • 인권에 관한 교내외 규칙과 법·제도 • 인권침해 발생시 해결하는 방법
		인권문제의 해결 일상생활에서 발생하는 간단한 문제를 합리적으로 해결	6	• 자신과 타인의 인권 보호하기 • 타인의 차이점 존중하기	• 인권침해의 원인 • 편견(성, 지역, 계층, 종교, 인종, 문화)과 고정관념 • 차이에 대한 관용

계속

수준	목표	핵심 개념	학년	상세 목표	관련 문제
중학교	인권의 기본 개념으로서 자유권, 생존권, 문화권, 인권개념의 역사적 전개과정, 인권에 관한 국내외 법, 제도적 측면을 이해하도록 한다. ① 인권의 기본 개념을 형성한다. ② 인권의 발달과정을 역사, 정치, 경제, 사회, 문화적 측면에서 이해한다. ③ 인권의 법적·제도적 장치와 그 절차를 이해한다.	**태도·가치관** (1) 인권에 대한 의식 (2) 인권보호에 대한 태도 **인권의 기본개념** (1) 자유권으로서의 인권 가) 인간으로서의 존엄과 가치 나) 생명권 다) 신체의 자유와 안전 라) 사생활의 자유 마) 거주 및 이전의 자유 바) 사상, 양심, 종교의 자유 사) 경제적 자유(재산권, 직업선택자유) 아) 표현의 자유 자) 학문과 예술의 자유 차) 정치적 자유(정치적 표현, 선거권 등) 카) 차별받지 않을 권리(아동, 여성, 소수민족의 보호)	1 (7)	• 인권의 기본 개념을 형성 • 자유권으로서의 인권 의미 조사	**인권으로서 자유권의 내용** 인간으로서의 존엄과 가치, 생명권, 신체의 자유와 안전의 권리, 사생활의 자유, 거주 및 이전의 자유, 사상, 양심, 종교의 자유, 경제적 자유(재산권, 직업선택 자유), 표현의 자유(언론 출판의 자유, 집회 결사의 자유), 학문과 예술의 자유, 정치적 자유(정치적 표현, 선거권), 차별받지 않을 권리(아동, 여성, 소수 민족의 보호)
		(2) 생존권으로서의 인권 가) 노동권(근로의 권리, 노동3권 등) 나) 복지(사회보장) 및 보건의 권리 다) 청구권적 권리(재판 청구권, 청원권, 국가배상청구권) 라) 인간다운 생활권(빈곤으로부터 자유, 최저 생활권 등) 마) 교육권(학교선택권, 교육의 자유, 교육받을 권리 등) 바) 문화적 권리 사) 환경권 **인권에 관한 법과 제도** (1) 인권개념의 발달 가) 인권과 사회생활 나) 역사상의 인권 다) 시민사회형성과 인권의 발달	2 (8)	• 생존권으로서의 인권 의미 조사	**인권으로서 생존권의 내용** 노동권(근로의 권리, 노동3권 등), 복지 및 보건의 권리, 인간다운 생활권(빈곤으로부터 자유, 최저생활권 등), 청구권적 권리(재판청구권, 청원권, 국가배상청구권), 교육권(학교선택권, 교육의 자유, 교육받을 권리 등), 문화적 권리, 환경권 보장의 권리
		(2) 법적 개념으로서의 인권에 대한 총론적 논의 가) 인권의 체계:자유권, 생존권 나) 인권 관련 문서 검토 ① 국제문서: UN 헌장, 세계인권선언, 국제인권규약, 차별철폐에 관한 각종 국제 규약 ② 국내문서: 헌법, 국가인권위원회 법 **인권문제 해결, 인권신장 현실참여 (초급 수준에서 도입)**	3 (9)	• 인권개념 발달의 역사적 배경 조사 • 법적 개념으로서의 인권 조사 • 인권 관련 국내 및 국제법 및 문서 조사	• 인권 발달의 역사 • 민주시민사회형성과 인권 • 법적 개념으로서의 인권의 체계 • 인권관련 문헌 국제 문서: 세계인권선언, 국제인권규약 인권 국내법과 제도: 헌법, 국가인권위원회, 아동권리선언

계속

수준	목표	핵심 개념	학년	상세 목표	관련 문제
고 등 학 교	인권문제의 성격을 이해하고, 인권문제 해결력을 기르며, 인권문제에 대해서 관심을 기울이도록 한다. ① 현대 사회에서 제기되는 인권문제의 성격을 이해 한다. ② 인권문제 해결을 위한 문제 분석방법을 연습한다. ③ 다양한 인권문제에 대한 해결능력을 기른다. ④ 현실적 인권문제 해결에 참여하는 경험을 가진다.	**태도 · 가치관** (1) 인권에 대한 의식 (2) 인권보호에 대한 태도 **인권의 기본개념(중학교 내용의 심화 학습)** (1) 인간의 존엄과 가치 (2) 자유권, 생존권 **인권문제 해결** (1) 문제/주제의 분석 가) 역사적, 정치적, 경제적, 사회학적 배경 나) 인권 문제/주제들에 있어서 중요 변화 다) 언어의 사용, 사실판단, 가치판단의 구별 (2) 문제/주제들과 관련된 특정 인권 가) 관련 사례들 • 침해 사례/침해범들 • 인권 침해를 범한 사람들의 책임 • 희생자들, 기타 그와 관련된 사실들 나) 현재 진행되고 있는 노력들 다) 다른 인권과의 갈등 (3) 문제/주제들을 다루는 전략 가) 가능한 대안의 탐색 나) 합의의 형성 다) 갈등의 중재와 해소 **인권신장 현실참여** (1) 인권과 현실참여 가) 참여의 의미 나) 실현 가능한 참여 다) 참여의 방법 라) 참여후의 평가 (2) 인권보호 현실참여 가) 학교에서의 참여 나) 가정에서의 참여 다) 사회에서의 참여	1 (10) 2 (11) 3 (12)	• 인권문제의 성격 알기 • 인권문제 해결력 기르기 • 인권신장을 위한 참여 경험 쌓기 • 국내외 인권상황에 대한 감수성 증진	**국내외 인권침해 문제** 인종차별, 성차별, 대량학살, 고문, 정치적 억압 **인권문제의 성격** 언어의 사용, 사실관계 확인, 다른 관점에 대한 이해, 증거에 의한 관념의 정당화, 보편적인 가치의 선택 **인권문제 분석하기** 인권문제의 정치, 경제, 사회, 문화적 배경 **인권문제해결방법 탐색** 대안탐색, 합의의 도출, 갈등의 중재와 평화적 해결 **인권신장의 저해요소** 무관심, 냉담, 냉소주의, 정치적 억압, 극단주의, 배타주의 **주요 인권상황과 관련된 문제들** 경제적 세계화, 외국노동자문제, 개발과 환경 문제, 제국주의 패권주의, 테러리즘에 의한 인명 경시 **인권신장 참여방법** 비정부 시민조직 참여, 공동체적 봉사와 실천, 시민적 저항, 갈등적 문제의 평화적 해결

4. 어떻게 가르쳐야 하나? 인권교육의 방법

출처 – 전북학생인권교육센터

학생인권조례가 제정된 지역에서는 그 조례에 따라 학교에서 인권교육을 실시하도록 규정하고 있다. 각 지역의 조례에서는 공통적으로 인권교육의 필요성을 적시하고 있으며 대개 학생은 학기당 2회 이상, 교사는 연중 2시간 이상, 학부모는 연 2회 이상의 교육을 하도록 하고 있다. 이는 인권이 보장되는 학교문화를 만들기 위해 가장 기본이 되는 것은 인권에 대해 알아가도록 하기 위한 교육이며 교육과정 진행 중에 중요한 가치로 다루라고 말하고 있는 것을 의미한다.

여기서 주목할 점은 교사에 대한 인권교육이다. "교육의 질은 교사의 질을 넘지 못한다."는 말처럼 교사 스스로 인권에 대한 학습이 되어 있지 않다면 인권적 상황에 직면했을 때 인권이 보장되는 방식으로 해결하지 못하는 상황을 유발할 수밖에 없으며, 이는 자연스레 학생들에게 좌절감이나 권위에 복종하는 체제순응적인 태도를 가져오게 되고 결과적으로 학교교육이 기존의 학교문화를 전수하는 역할에 그칠 수밖에 없도록 만드는 것이다. 실제로 교사들의 경우 그 자신들이 학생일 때부터 시작하여 교사의 꿈을 품은 대학의 예비교사 시절, 신규임용을 위한 연수, 교사가 되고 난 뒤 받는 연수 등에서 인권에 대해 개략적으로라도 배워본 경험이 매우 부족한 것이 현실이다. 배워본 적이 없으니 가르치는 것도 쉽지 않고 변화에 더뎌질 수밖에 없다.

따라서 현재의 학교인권교육에 있어서는 학생인권교육보다 더 중요한 것이 교사를 대상으로 한 인권교육이라 할 수 있다.

사례1. 인권교육시간 만들기의 어려움(○○학교 인성인권부장교사의 경험담)

상시 개정의 교육과정이 되면서 창의적 체험활동시간을 활용하여 다양한 주제학습을 실시할 수 있도록 되어 있지만 실제로는 교사들 모두가 알다시피 정부와 교육부, 교육청에 의해 의무적으로 학습하도록 할당되어 있는 시간이 있다는 거죠. 예를 들어 환경교육 2시간, 성교육 2시간, 장애이해교육 2시간 등 학교의 자유재량이라는 말이 무색하게 1년의 시간을 꽉 채우고도 부족할 만큼 특정 주제들에 대해 교육하라는 공문이 숱하게 내려옵니다. 또한 그 시간을 이수했는지 공문이나 실사를 통해 확인하고 심지어는 학교평가에 반영하다 보니 안할 수도 없는 노릇이 되어버렸구요.

여기에 더해 인권교육까지 하라고 하니 "도대체 어디서 시간을 빼서 해야 한다는 말입니까?"

학생인권조례에 의거하여 공식적으로 인권교육을 실시하는 지역의 사례를 보면 위의 경우처럼 안타까운 점을 발견할 수 있다. 그렇게 인권의 영역도 억지로 밀어넣다 보니 시수를 맞추기 위해 한 학년 또는 전교생을 강당에 모아놓고 강사 한 분을 초빙하여 소란스러운 분위기에서 일제식 강의중심의 수업을 하기 일쑤다. 실제로 이런 방식의 외부강의가 그다지 교육적 효과가 있는 것은 아니고 행사 치르기처럼 될 수밖에 없다는 것을 교사들도 잘 알고 있고, 그저 한 시간 때우는 것에 불과하다는 것을 학생들도 잘 알고 있다.

초기에 인권에 대해 전문적으로 가르칠 수 있는 강사가 부족하다 보니 나타나는 현상이라고 이해는 하지만, 인권에 대한 수업은 강의로 되는 것이 아니고 지식에 더해 실천을 동반하는 것이어야 하므로 학급별 또는 모둠별로 수업을 하는 것이 가장 효과적일 수밖에 없다.

하지만 방법이 없는 것은 아니다. 우리나라 교육과정에서 인권이라는 교과를 따로 구분하거나 보조교과서가 있는 것은 아니지만 각 학년별로 과목별로 인권의 주제가 나름의 위계를 가지고 녹아들어가 있다. 예를 들어 초등 6학년 2학기 사회 1단원은 인권에 대해 다루고 있고, 각 학년의 도덕이나 사회과목에서는 인권의 세부주제(장애이해, 차별, 공동체, 표현의 자유 등)를 다루고 있다. 이를 효과적으로 재구성한다면 굳이 창의적 체험활동시간을 활용하지 않더라도 정규 수업시간을 이용하여 학급별로 또는 모둠별로 충분히 인권교육을 실시할 수 있는 것이다.

다른 수업장면과 마찬가지로 경기도의 민주시민 교과서를 활용하거나 인권을 연구하는 교사들이 만든 학습 자료를 이용하거나, 또는 교과서 속의 인권이라는 주제를 가르치는 등 인권관련 주제수업을 진행할 때에도 유의해야 할 사항들이 있다.

첫째로는 인권존중의 수업분위기를 마련해야 한다. 학교 인권교육은 인권존중의 수업분위기에서 시작되어야 한다. 인권에 대해 수업한다고 하면서 소란스러운 아이들을 향해 욕을 할 수는 없는 노릇 아닌가? 인권존중의 가치와 태도는 인권교육을 통해 자신이 존중받고 있다는 것을 체험하는 데에서 시작된다.

사례2. 인권수업시간

얼마 전 ○○초등학교에 초청강사로 초빙되어 인권교육을 하러 갔다. 6학년 전 학생 대략 150여 명을 강당에 모아놓고 일제식으로 하는 강의 방식이었다.

대개 학교에 외부강사가 초청되어 강의를 하게 될 때는 학년부장 선생님이 마이크를 잡고 몇 가지 주의사항을 알려주고 강사소개를 하면서 강의가 시작되곤 한다.

그런데 문제는 사전 주의사항을 알려주는 시간에 일어났다. 소란스러운 분위기를 다잡기 위해 마이크를 잡은 학년부장 선생님의 입에서 거친 표현들이 쏟아지기 시작한다.

"자! 조용. 조용히 해라." 별로 효과가 없다.

"조용히 하라니까. 떠드는 반은 수업 끝나고 혼난다." 그럼에도 여전히 소란스러운 분위기는 이어진다.

"야, 이 녀석들아! 아가리 닥치고 여기 집중해!"

인권수업이 권위적이고 비민주적인 분위기에서 이루어진다면, 학생들은 인권에 대한 부정적 시각을 갖게 될 것이며, 인권교육을 또 하나의 '지식 위주 교과목'으로만 생각하게 될 것이다. 인권교육을 담당하

는 교사는 학생의 인권을 존중하며, 또한 학생들에게 교사의 인권도 존중하도록 하는 민주적 분위기 속에서 전체적인 수업을 진행해나가야 한다.

둘째로, 인권수업은 일방적 전달방식보다는 학생 참여를 중심으로 이루어져야 한다. 교사의 강의에 의해 지식을 암기하는 수업에서 벗어나 학생들이 주도적으로 문제를 제기하고 자료를 수집하며 원인을 분석하고 문제를 해결하는 방식으로 수업이 진행되어야 한다. 교사는 학생들이 수업에 흥미를 가지고 적극적으로 문제를 제기할 수 있도록 분위기를 조성해야 하며, 각종 자료를 제공함으로써 문제해결에 도움을 주어야 한다. 학생들은 참여중심의 인권수업을 통해 자신이 삶의 주체이며 사회의 주체임을 인식하게 되고, 좀 더 주체적으로 삶을 개척하고 사회를 변화시키려는 의식을 갖게 된다.

셋째로, 인권교육이 원활하게 진행되기 위해서는 다양한 교재 및 교구의 개발이 필요하다. 우선 교사는 인권교육의 진행을 위해 다양한 교재를 활용할 수 있다. 최근에는 인권관련 시민단체 또는 현장교사들이 개발한 인권교육 자료가 나오고 있으며 국가인권위를 비롯하여 도교육청 소속 인권교육센터에서 개발한 자료들도 활용가치가 매우 높다. 또한 각종 인터넷 사이트에서도 인권교육 소재를 얻을 수 있으며, 교사가 이를 재구성하여 교재를 만들 수도 있다.

넷째로, 인권수업은 단순히 교재에 의존해서만 진행되는 것이 아니라 시시각각 발생하는 시사문제를 적극 활용함으로써 학생들의 관심과 참여를 높일 수 있다. 실제로 교육부를 비롯하여 교원노조나 교원단체 등에서 계기교육 자료로 제공하는 것은 교사들이 제작한 것이므로 수업에 즉시 활용할 수 있는 장점도 있다.

인권은 정체된 지식이 아니라 역동적으로 변화되는 역사이며, 학교

안에 숨어 있는 이론이 아니라 사회 속에서 일어나고 있는 실제이다. 따라서 인권수업이 살아숨쉬는 생생한 수업이 되기 위해서는 시사문제 속에서 인권의 요소를 발견하고, 인권적 관점에서 사회현상을 비판적으로 바라볼 수 있는 안목을 키우는 것이 중요하다고 할 수 있다. 즉 인권교육은 학교와 사회를 연결하는 중요한 매개가 되어야 한다.

다섯째로, 인권수업은 다양한 인권문제를 다루기 때문에 토론과 토의를 통한 수업이 적절하다. 인권수업에서 특정한 상황을 인권침해로 볼 것이냐 아니냐의 문제로부터 시작하여 어떤 인권이 관련되어 있으며 주제별 인권 간의 갈등은 없는가, 그렇다면 우리는 어떤 입장과 선택을 해야 하는가 그리고 그 이유는 무엇인가 등의 계속되는 문제제기에 대한 답을 찾아가는 과정은 토론과 토의가 가장 적절하다. 이런 활동은 주제에 따라서 학급 전체로 이루어질 수도 있고 모둠별로 이루어질 수도 있다. 이때 교사는 토론, 토의에 있어 보조자, 안내자의 역할을 취하거나, 학생과 동등한 입장에서 논의에 참여할 수도 있다.

사례3. 민주적 문제해결의 과정

○○초등학교의 교장선생님은 독서를 매우 중요시하는 교육철학을 가지고 계신 분이다. 어느 날 교장선생님은 전 직원이 모인 회의에서 일방적인 학교장 시행령(?)을 반포한다.

"내일부터 아침활동 시간과 점심시간에 학생들이 밖에서 활동하는 일이 없도록 해주십시오. 대신 그 시간에 교실에서 조용히 독서를 할 수 있도록 선생님들께서는 지도해주시기 바랍니다."

일방적인 의사결정 및 독서교육 지도 방식에 대한 이견이 있었으나 적어도 일주일은 시행해보자는 쪽으로 결론이 났고, 교사들은 각 반에 들어가서 결정사항을 학생들에게 전달했다.

하지만 평소 인권에 대해 학습하고 토론을 통한 수업을 즐겨 하던 한 반에서 공식적인 문제제기를 한다.

'아침활동과 점심시간에 일률적으로 독서를 강제하는 것은 학생들의 자유권을 침해하는 것이고, 휴식권을 박탈하는 것이다.'라며 학급회의를 통해 이런 학교의 방침이 학생에 대한 인권침해라는 결론을 내리고 이 주제를 전교어린이회 안건으로 상정할 것을 결정한다.

이후 학급의 대표는 전교어린이회에 이 문제를 정식 안건으로 제안했고, 전교어린이회에서도 역시나 같은 결론을 내린 뒤 학교장 면담을 추진하기로 결정한다.

다음날 전교어린이회 대표단과 학교장은 면담을 진행하며 장시간의 토론을 거쳐 교장선생님의 일방적 결정은 문제가 있고 독서교육을 강화하는 다른 방법을 찾아보는 것으로 결정한다. 이 과정에서 교장선생님은 학생 대표들에게 사과를 하게 된다.

이후 학생들의 인권에 대한 문제제기가 어느 정도 성과를 거두는 것으로 결론이 나자 학교에는 학생들에 의한 각종 민원이 봇물처럼 쏟아지기 시작한다. 때로는 주장의 비합리성으로 인해 기각되는 경우도 있었고 때로는 합리적이라는 판단하에 수용되어 개선되기도 하는 등 해당 학교 구성원들의 인권보장 정도는 계속 높아져 가고 있는 추세이다.

───

마지막으로 인권교육에서 교사의 실천과 본보기는 매우 중요한 가르침이다. 학교에서 발생하는 모든 일에서 교사는 동일시 대상이며 판단의 준거로서 학생들에게 지대한 영향을 미치지만 인권의 영역에서는 더욱 중요한 의미를 지닌다. 학교 인권교육의 주체는 학습자인 학생들일 수 있지만 숨은 주체는 바로 교사이다. 학생들 스스로 인권교육을 하자고 하거나 인권주제에 대해 토론을 먼저 제의하기는 어렵다. 그렇다면 교사가 먼저 분위기를 형성해주는 노력이 필요하다. 따라서 교사는 인권감수성을 키우고 인권에 대한 공부를 하는 등 스스로의 관심과 노력이 매우 중요하다.

사례4. 어느 학급의 학급규칙(인권교육 강사의 경험담)

모 학급에 인권교육을 하러 갔을 때였어요. 대개 교실에 가면 학급규칙을 칠판 옆에 큼지막하게 붙여두잖아요. 그런데 그 규칙을 보면 담임선생님의 성격과 철학을 대충이나마 알 수 있거든요.

어떤 반에 갔더니 학급규칙으로 "복도에서 떠들지 않기, 수업시간에 잡담하지 않기, 지각하지 않기, 학생들은 뒷문으로 출입하고 앞문으로 다니지 않기…" 등 이런 규칙이 있더라구요. 좀 당황스러웠어요. 과연 이런 규칙을 학생들과 함께 정하긴 한 것인지, 또 일방적으로 선생님에 의해 정했다고 하더라도 왜 학생들은 교실의 앞문으로 다니면 안 되는 거죠? 교사만 앞문으로 다니면 권위가 서는 건가요? 이런 게 바로 교사와 학생 간 위계를 명확히 해서 교실의 질서를 다잡으려는 담임교사의 마인드겠죠. 인권의 주체로 학생을 대하기보다는 통제와 관리의 대상으로 학생을 바라본다는 생각이 들어서 속상했습니다.

---

6. 인권교육에서 해볼 만한 활동

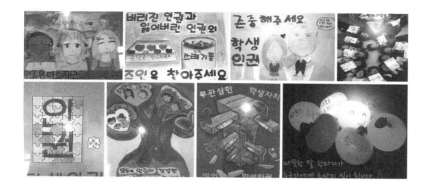

학급규칙 정하기

학급에서 서로 협력하며 참여하는 공동체의 분위기를 형성하는 것은 매우 중요하다. 그래서 대개의 교사들은 매년 학년 초에 학급의 규칙을 정해 시행하기도 한다. 하지만 일부에서는 교사가 일방적으로 만들어놓은 규칙에 학생들이 따라올 것을 강요한다. 이런 학급의 규칙들은 대개 "~은 하지 않는다. ~할 경우 벌칙을 받는다." 등 부정적 금지행동이 줄지어 나열된 것이다. 비민주적이고 학생의 생활을 제한하는 학교생활규정의 학급 축소판과 다름없는 경우가 허다하다. 교사와 학생이 함께 필요해서 만들거나 자발적으로 정한 규칙이 아니기 때문에 규칙을 자발적으로 지키려는 노력은 떨어지고 자연스레 교사는 통제자나 감독관으로서 규칙이행을 강요한다. 심지어는 학급임원으로 하여금 규칙준수 여부를 감시하게끔 하는 비이성적인 일도 자행된다.

일부 혁신학교를 중심으로 민주적 생활규정 만들기를 시행했던 학교에서는 자발적 참여에 의한 규칙을 제정한 탓인지 준수율이 높고 학교폭력마저 줄어드는 효과를 가져오기도 했다.

이렇듯 학급의 규칙을 학생들과 함께 민주적으로 제정하려는 노력은 규칙의 내용 못지않게 중요한 과정이다. 이러한 활동을 통해 교사는 학급 전체를 학급운영에 참여시키려는 의지를 보일 수 있고 학생들을 향한 신뢰도를 분명하게 보여줄 수 있기 때문이다.

○ 학급에 필요한 것 모아보기

학급규칙을 정할 때는 브레인스토밍이나, 소그룹을 통한 토의 결과를 학급 전체회의에서 다시 논의하는 방법, 또는 개별 과제로 내주고 고민할 시간을 준 뒤 다시 전체회의에서 토론하는 방법 등 다양한 의견 수렴 절차가 필요하다. 또는 학생들이 무엇을 원하는지 각자 작은 메모지에 적어서 나열한 뒤 그중에서 정말 필요하다고 생각되는 항목을 고르는 방법도 있다. 다양한 의사 수렴 방법을 거쳐 제출된 필요한 것들 중에서 공통되거나 많은 것들을 따로 추려서 하나하나 그것이 왜 필요한지와 규칙으로서 바람직한지를 놓고 찬반토론 등을 펼쳐가며 생각을 정리해간다.

이렇게 하나하나 정리하면서 학급에 필요한 규칙을 정해나간다.

○ 권리와 책임이 함께하는 생활

대개의 경우 학급의 규칙은 권리와 책임을 함께 가도록 하는 것이 바람직하다. 예를 들면 "학급에 폭력은 없어야 한다. 폭력에서 자유로운 학급이 되어야 한다."라는 권리가 있다면 그것을 "우리 모두는 다른 사람에게 언어적 폭력, 신체적 폭력 등을 가하지 않고 다른 사람을 배려하며 감정을 상하게 하지 않을 책임이 있다."로 바꿀 수 있다.

❍ 규칙은 합리적으로 수정되어야 한다.

학급에서 필요한 규칙이 합의에 의해 결정되면 교실의 특정 공간에 게시하고, 필요시에 규칙의 세부조항을 만들거나 수정할 수 있도록 해야 한다. 규칙은 불가변의 원칙이 아니고 생활을 하면서 다양하게 예상치 못한 상황이 발생하기도 한다. 예를 들어 학생이나 교사가 규칙을 어기는 경우도 있고, 규칙으로 해결하기 어려운 상황이 발생하기도 하고, 학급규칙과 학교규칙이 달라 갈등이 빚어지기도 한다. 이럴 때는 문제가 왜 발생하는지에 대한 논의와 검토가 필요하며 토론을 통해 합의가 이루어지기도 한다. 이러한 합의에 이르는 과정 자체가 중요한 학습의 경험이 된다.

언어폭력(상처 주는 말) 없애기

유엔아동권리협약 제13조는 아동에게 표현의 자유에 대한 권리를 부여하고 있지만, 타인의 권리를 침해하거나 명예를 훼손하는 표현은 엄격히 제한하고 있다. 나는 재미삼아 한 말이지만 그것이 다른 사람에게 받아들여졌을 때 불쾌함을 유발하거나 욕설, 비방에 가깝다면 그것은 자신의 표현의 자유의 영역이 아니라 타인을 모욕하는 것이 됨을 알아야 하고 교사의 신중한 지도가 필요하다.

❍ 언어폭력 교육을 위한 활동

① 학생들 모두에게 종이 몇 장씩을 나누어준 뒤 학교에서 듣고 감정이 상했던 말들을 1장에 1가지씩 적게 한다.

② 교실 벽에 '놀리는 말/장난의 말/상당히 고통스러운 말/모욕적인

말' 등의 여러 단계 등급표를 만들어놓고 각자 적은 말을 등급표에서 해당된다고 생각하는 단계에 붙이게 한다.

③ 잠시 후 학생들에게 자신들이 붙여둔 벽의 등급표에 붙은 말을 살펴보게 한다. 학생들이 붙여놓은 결과물을 보면 대개 비슷한 말들이 반복적으로 나타나지만 학생에 따라 느끼는 강도가 달라서 다른 등급으로 매겨져 있는 것을 발견하게 된다.

④ 지식채널e의 '언어폭력'에 대한 동영상을 시청한다. (EBS에서 검색 후 내려받기)

⑤ '어떤 사람은 매우 고통스러워하는 말이 다른 사람에게는 장난스럽게 여겨지는 이유는 무엇인가?' 또는 '사람들이 그런 말을 사용하는 것을 허용해야 하는지, 그런 말을 들으면 어떻게 해야 하는지' 등의 주제로 소그룹 또는 전체 토론을 진행한다.

⑥ 끝으로 언어폭력과 관련된 권리와 책임에 대해 전체토론을 진행한다.

다른 시간을 이용해 친구들/부모님/선생님으로부터 듣고 싶지 않을 말들을 목록으로 작성하고 그 이유를 적는다. 그러한 말들 중 자신의 인권을 침해한다고 생각되는 것들을 찾아보는 활동도 할 수 있다.

인권온도 측정하기

인권교육의 궁극적 목표 중 하나는 인권이 보장되는 문화를 조성하는 것이다. 이를 위해서 학생들은 실제 생활의 경험들을 인권적 측면에서 평가하는 법을 배워야 한다. 인권은 지식으로서의 이해보다는 실천으로서의 내면화가 훨씬 더 중요한 가치를 가진다. 따라서 학생들은 자신이 일상적으로 경험하는 현실이 인권 원칙에 얼마나 부합하는지를 정직하게 평가하고 공동체를 개선하기 위한 적극적이고 책임감 있는 자세를 갖추도록 노력하는 것이 필요하다.

○ 인권온도 측정 활동(D. Shiman, 사회적 · 경제적 정의 : 인권의 관점)

학생들에게 다음의 질문지를 작성하여 학교의 인권온도를 재보도록 하고 그 결과를 바탕으로 토론을 진행한다. 그 뒤 학교 또는 학급 전체가 목표 전략 및 책임을 설정하여 행동계획을 수립한다.

평가 점수

전혀 아니다. (전혀/거짓이다) _____ 1(점)

드물다. _____ 2(점)

때로 그렇다. _____ 3(점)

항상 그렇다. _____ 4(점)

모른다. _____ 5(점)

평가 항목

1. 우리 학교 구성원들은 인종, 성별, 가정배경, 장애, 종교 또는 생활 방식을 이유로 차별받고 있지 않다.
2. 우리 학교에서 나는 안전하고 보호받는 느낌이 든다.
3. 모든 학생들에게 학업 및 진로 기회에 관한 정보와 지원을 동등하게 제공하고 있다.
4. 우리 학교에서는 모든 이들에게 동등한 접근권, 자원, 활동 및 편의 시설을 제공하고 있다.

5. 우리 학교 구성원들은 학교에서의 차별적 행위, 차별적 내용의 교재 그리고 차별적 발언에 반대할 것이다.

6. 누군가가 다른 사람의 권리를 위반하면, 위반한 사람에게는 자신의 태도를 고칠 방법을 알 수 있도록 도움이 제공된다.

7. 우리 학교 구성원들은 나의 학습 발전뿐만 아니라 나의 인간적 측면에 대해서도 관심을 갖고 있어 내가 도움을 필요로 할 때 도와주려고 노력한다.

8. 갈등이 발생하면, 우리는 비폭력적이고 협력적인 방법으로 갈등 해결을 위해 노력한다.

9. 우리 학교는 차별과 관련된 정책 및 절차를 두고 있어서, 관련 사건이 발생하면 그러한 정책 또는 절차를 이용한다.

10. 징벌과 관련된 사항의 경우, 유죄 여부의 결정과 징벌 부과에서 모두에게 공평하고 공정한 처우가 보장된다.

11. 우리 학교에서는 어느 누구도 모욕적인 대우나 차별을 받지 않는다.

12. 잘못을 저지른 혐의가 있는 자라도 유죄가 인정될 때까지는 무죄로 추정한다.

13. 나의 사적인 공간과 소유물은 존중된다.

14. 우리 학교는 외국에서 출생한 사람들을 포함하여, 다양한 배경과 문화를 지닌 학생, 교사, 관리자 및 직원을 환영한다.

15. 나는 차별에 대한 걱정 없이 나의 신념과 아이디어를 자유롭게 표현할 수 있다.

16. 우리 학교의 구성원들은 검열 또는 처벌에 대한 걱정 없이 출판물을 제작, 배포할 수 있다.

17. 교과과정, 교과서, 조회, 도서관, 교실수업에 다양한 관점(예를

들어 성/인종/민족/이념적 관점)이 고루 존재한다.

18. 나에게는 학교 내 문화적 활동에 참가할 수 있는 기회가 있으며, 나의 문화적 정체성, 언어 및 가치관은 존중받고 있다.

19. 우리 학교의 구성원들은 학교 정책과 교칙을 수립하기 위한 민주적 결정과정에 참여할 수 있는 기회가 있다.

20. 우리 학교의 구성원들은 교내에서 자신의 권리 또는 다른 사람들의 권리를 옹호하기 위한 목적으로 연합체를 결성할 수 있는 권리가 있다.

21. 우리 학교의 구성원들은 불의, 환경, 빈곤 및 평화와 관련된 사회적·지구적 문제들에 대해 배우도록 서로 격려한다.

22. 우리 학교의 구성원들은 불의, 환경, 빈곤 및 평화와 관련된 문제의 해결을 위해 단체를 결성하고 행동을 취하도록 서로 격려한다.

23. 우리 학교의 구성원들은 수업일 중에 적절한 휴식/휴무 시간을 사용할 수 있으며 공정한 근로조건하에서 합리적인 길이의 시간 동안 일한다.

24. 우리 학교에 고용된 근로자들은 자신과 가족의 건강 및 행복을 위해 적합한 생활수준을 누릴 수 있도록 충분한 보수를 받는다.

25. 나는 우리 학교에서 사람들이 다른 사람들을 차별하지 않도록 하기 위해 맡은바 책임을 다한다.

점수 총합

최대 인권온도 = 100도

우리 학교의 인권온도 = (   )도

성 평등 찾아보기

모든 경기 종목을 남녀가 같은 조건에서 할 수는 없지만, 만약 남녀가 같이 한다고 가정했을 때, 그때의 경기규칙은 어떻게 수정하는 것이 좋을지 그 방법을 찾아봄으로써 성 평등적 시각을 기른다.

또 더 나아가 아예 남녀가 동등한 입장에서 할 수 있는 경기종목을 찾아보거나 개발해보는 것도 해볼 만하다.

온라인 인권 실천하기

정보통신기술이 발달하면서 학교에서 벌어지는 인권침해 못지않게 휴대폰의 대화방이나 온라인 카페 등에서 벌어지는 언어폭력, 왕따 등의 현상이 심각해지고 있다. 이것은 교사나 학부모가 인지하는 것이 쉽지 않아서 피해가 심각해진 다음에야 드러나는 경우가 많아서 더욱 심각하므로 인권의 관점에서 사전 예방 교육이 필요하다.

✪ 온라인 인권교육을 위한 활동
① 사이버상에서 자신의 인권이 침해되었거나, 자신이 타인의 인권을 침해했다고 생각하거나, 그런 경우를 본 경험에 대해 기술하거나 이야기를 나누는 시간을 가진다.
② 각각의 이야기를 바탕으로 비슷한 유형으로 나누어본다.
③ 각각의 경우에 합리적인 대응방법을 찾아본다.
④ 더 나아가 그러한 피해를 방지할 수 있는 학급/학교 사이버 윤리 강령을 만들어본다.

노사협약 맺어보기

다수의 학생이 미래의 노동자가 되어 세상에 나가게 될 것이다. 학교
에서 인권을 공부하며 자신의 권리를 지키기 위해 노력하는 것처럼 성
인이 되어서도 자신이 처한 환경에서 사회적 인권을 알고 지키기 위해
노력하는 과정은 필수적이다. 이러한 관점에서 학생들 스스로 노동
자와 사용자가 되어 교섭과 협상을 하면서 자신의 권리를 찾아가는
과정을 학습하는 것은 매우 유의미하다.

○ 사회적 인권교육을 위한 활동
① 국제노동기구(ILO)의 노동자 권리에 관한 정보를 담은 협약을 참
   고자료로 사전에 읽어본다.
② 학생들을 노동자와 사용자 두 그룹으로 나눈다.
③ 어떠한 사업장(공장, 농장 등)에서 노동자들이 사업주나 경영주에
   게 여러 가지 요구를 하기로 결정했다고 알리고 교섭에 들어간다.
   예) 더 높은 임금, 복지혜택, 사업장 안전에 대한 배려, 휴무기간
   연장 등
④ 각각의 협상 대표단을 보내 협상을 시작한다. 대표단의 협상과정
   은 나머지 학생들이 모두 지켜보는 가운데 실시한다.
⑤ 협상 결과를 바탕으로 그 협상을 받아들일 것인지 재협상을 할 것
   인지 그룹별로 논의를 시작한다.
⑥ 이번에는 역할을 바꾸어 다른 협상 주제로 동일한 절차를 반복
   한다.

인권카드 만들기

학생들과 인권에 대한 수업을 진행한 후 자신이 생각하는 '인권'이라는 키워드를 가지고 '인권은 ○○이다. 그 이유는~' 식의 카드를 만들어본다. 그 뒤 자신이 만든 카드를 발표해보고 교실 뒷면에 게시해 둔다.

인권은 양말이다.
왜냐하면 두 개가 함께 있어야 한 켤레가 되기 때문이다.
너와 내가 함께 해야 인권은 완성된다.

인권은 나비이다.
왜냐하면 아름답기 때문이다.

인권은 우산이다.
왜냐하면 비를 함께 피할 수 있기 때문이다.

인권은 기차이다.
왜냐하면 모두 함께 달려가기 때문이다.

7. 인권이 보장되도록 학교 환경 개선하기
(인권교육을 위한 교사모임 자료집)

○ 인권교육 환경을 위한 학교문화에 대한 확인 문항

1. 교사가 관리자에게 불만이나 의견을 제시하는 것이 용이한가?
2. 서로 다른 교과(학년)를 가르치는 교사들 간의 협의가 용이한가?
3. 교사들 간에 교수경험을 나눌 수 있는 의사소통 통로가 있는가?
4. 교사들이 팀을 이루어 하는 일이 자주 있는가?
5. 학교 정책 결정에 교사의 의사가 반영되는가?
6. 관리자는 교직원을 평등하게 대하고 있는가?
7. 학교에서의 업무 분배는 공정한가?
8. 승진이나 포상 인사는 공정하게 이루어지는가?

○ 인권교육 환경을 위한 교실문화에 대한 확인 문항

1. 학생들 간에 폭력이나 따돌림 행위는 없는가?
2. 특정 학생에 대한 편견은 없는가?
3. 학생들 간에 폭력이 있을 때 적절한 조치가 취해지는가?
4. 학칙을 정하는 과정에 학생들의 의견이 반영되는가?
5. 교사의 지도 시 학생들에게 굴욕감을 일으키는 경우는 없는가?
6. 교사가 학생을 부를 때 이름을 부르는가?
7. 교사가 학생들에게 가능하면 존댓말을 사용하는가?
8. 교사는 모든 학생들을 평등하게 대하는가?

○ 인권수업 가이드라인

1. 교사는 학생들에 대해 편견을 갖지 않는다.

2. 교사와 학생, 학생과 학생끼리 상호 신뢰해야 한다.

3. 교실분위기는 개방적이고 자유로워야 하며 재미있어야 한다.

4. 인권교육은 지극히 활동적이고 경험적이어야 한다.

5. 교사는 교실과 교실 밖의 경계를 허물어야 한다.

6. 학생들의 반응에 당황해서는 안 된다.

7. 학생들 스스로 수업에 대해 평가할 수 있도록 배려해야 한다.

8. 수업내용에 대해 피드백할 수 있도록 체계가 있어야 한다.

9. 수업시간에 항상 유의해야 한다.

10. 학생들은 학생들끼리 존중할 수 있도록 해야 한다.

5

학교자치와
인권은
동행하는 벗

1. 인권과 학교자치, 민주주의

권리는 지킬 용기가 있는 자에게만 주어진다.

_ 로저 볼드윈

역사적으로 민주주의와 인권
은 서로 별개의 현상으로 인식
되어온 경향이 있었다. 즉, 민주
주의는 주로 정부 조직의 문제
로 인식되어 한 국가의 국내 문
제로, 인권은 개인의 존엄성을 보

들라크루아, 민중을 이끄는 자유의 여신

호하는 데 필요한 보편적인 최소 조건으로 인식되어온 경향이 있었
다. 하지만 오늘날 인권과 민주주의를 분리해 이해하는 것은 더 이상
설득력이 없다. 1990년을 전후한 시기에 동구 사회주의 체제가 붕괴
함으로써 '인권에 부합하는 민주주의'가 인류의 보편적 열망에 부합
하는 정치 체제로 부각되었기 때문이다.

굳이 동구권의 붕괴를 거론하지 않더라도 인권과 민주주의는 유기
적으로 통합되어 있다. 즉 민주주의는 모든 개인이 평등한 자격으로
결사의 자유, 표현의 자유, 집회의 자유, 사회적·정치적 활동의 자유
를 누리고, 선거를 비롯한 다양한 제도적 장치를 통해 정부를 지속적

으로 감시하고 통제할 수 있을 때 실현되고, 시민적·정치적 권리로서의 인권은 민주주의를 구성하는 권리일 뿐만 아니라 민주주의를 통해서만 온전히 실현될 수 있는 권리인 것이다.

민주주의 체제는 공개성, 책임성, 권력분립의 원칙 등을 통해 정부가 경제적·사회적·문화적 권리의 보호에 주의를 기울이도록 압력을 가할 수 있다는 점에서 모든 인권의 보장과 실현에 긍정적인 역할을 수행할 수 있다. 더구나 민주주의가 이행되고 있다는 사실은 그 자체가 인권이 실현되고 있다는 증거이기 때문에 어떤 권위주의 체제보다 인권의 보장에 더 충실하다.

일반적으로 민주주의는 인권과 동행하는 벗이다. 실제로 민주주의가 무너질 때 인권도 함께 무너진다. 따라서 인권의 신장을 위해서라도 민주주의는 지켜가야 하고 만들어가야 하는 것이다.

그렇다면 학교는 어떠한가? 인권이 보장되고 민주적 질서가 제대로 작동하고 있는가? 교육의 세 주체를 교사, 학생, 학부모라고 말할 때 각각의 주체가 서로 자기의 의견과 주장을 제시하며 합리적 토론을 통해 교육과정을 결정하고 교육이 실행되며 학교가 운영되고 있는지 살펴볼 필요가 있다.

—
사례1. 흔히 보는 학급회의보다 못한 부끄러운 교무회의 풍경

"(교무부장) 지금부터 교무회의를 시작하겠습니다. 각 부서에서 하실 말씀 있으시면 전달해주십시오."

각 부서의 선생님들이 일어나 해당 업무에 대한 설명 및 분담해야 하는 일을 알려준다. 선생님들은 열심히 받아 적는다. 현장체험학습의 장소나 수학여행의 방식, 체육대회 및 학예회 등 학교의 주요행사는 이미 결정되어 있고, 교무회의는 통보를 받는 자리이며 내가 해야 할 업무를 전달받는 자리이다.

(이 과정이 끝나고 나면 교감선생님이 자리에서 일어난다.)

(교감선생님) "선생님들, 이번 주는 학교에 이런 행사가 있습니다. 학생들 관리 잘해주시고 주어진 업무에 최선을 다해 임해주시기 부탁드립니다."

(이어지는 교장선생님 훈화말씀) "지난주에 보니까 학생들이 복도에서 떠들고 쉬는 시간에 장난이 심하더라구요. 선생님들께서 관심 가져주시고 생활지도에 만전을 기해주시기 바랍니다."

(마지막으로 교무부장) "이상으로 교무회의를 마치겠습니다."

━

흔히 보는 학교 교무회의의 모습이다. 심지어 전체 교원이 모이는 교무회의는 생략하고 각 학년부장과 업무부장, 관리자들끼리(이것을 학교에서는 간부회의라고도 한다.)만 모여서 학교의 중요한 사항을 결정하고, 전체 교직원에게는 메신저를 통해 결정사항을 전달만 하는 경우도 많다.

행여 학교의 관리자들이 결정한 내용에 대해 이의를 제기하거나 토론을 요구하면 '벌떡교사'로 찍히고, 좋지 않은 편견과 유무형의 괴롭힘에서 자유롭지 못한 모습도 흔히 보인다.

교사들은 학생들에게 민주주의의 소중함을 가르치고 대화와 토론을 통한 합리적 의사결정이 중요하다고 가르치면서, 정작 자신들의 회의에서는 일방적 지시전달과 업무배분만 이루어진다. 부끄럽게도 상당수 학교에서 교사들의 교무회의가 학생들의 학급회의보다 못한 수준으로 운영되는 것이다.

혁신학교가 우리 교육에 새로운 돌풍을 일으키고 있다. 기존 관주도의 새로운 교육혁신의 다그침이 아니라 교사들의 자발성에 기초한

밑에서부터 위로 확산되는 바람이기에 상당기간 지속될 것으로 보인다. 경기도에서 시작된 혁신학교의 바람은 교육감선거를 계기로 전국의 교육감들이 대거 혁신학교 운영을 공약으로 내건 뒤 시행되고 있으며 거대한 태풍이 되어가고 있다.

하지만 이렇게 운영되는 혁신학교가 모두 성공하는 것은 아니다. 상당수가 실패하고 있지만 그럼에도 불구하고 유의미한 실험은 계속되고 있다. 그중 성공하는 학교들에게는 일관된 공통점이 보인다. 바로 학교자치와 민주적 학교운영이 이루어지고 있다는 것이다. 그 학교들에서는 학교의 대소사 및 교육과정 운영을 교직원이 모여 함께 토론하고 합리적 의사결정을 하는 시스템이 실행되고 있다. 그 과정에서 학생과 학부모의 의견 개진도 활발하며 적극적으로 보장된다. 이러한 과정을 거치다 보니 결정된 사항에 대한 집행력은 자연스레 높아진다. 교사들의 만족도가 높아지니 교육과정 운영은 알차지고 학생 만족도와 학부모 만족도도 높아지며 학교가 활기차게 되고 변해가는 것이다.

그리고 학교자치와 학교민주화의 한가운데에 학교관리자가 자리하고 있다. 학교관리자가 어떤 의지를 가지느냐에 따라 학교는 완전히 다른 모습으로 변화한다. 제왕적 권한행사를 하는 교장이 있는 학교에서는 매년 교사들이 다른 학교로의 탈출(?)이 이어진다. 민원도 끊이지 않는다. "교육의 질은 교사의 질을 넘지 못한다."는 말이 있다. 학교 민주화의 질은 학교관리자의 질을 절대 넘어서지 못한다.

이제 학교는 관리자 중심의 수직적 의사결정 구조에서 모든 교육공동체가 함께하는 민주적이며 수평적 의사결정 구조로 변해야 한다. 우리는 우리 교육의 미래를 거대 담론이 아니라 교실과 교무회의, 민주적 학교운영에서도 볼 수 있어야 한다는 것이다.

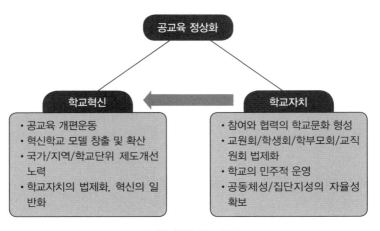

자치를 통한 학교혁신

학교자치, 학교민주화는 인권이 보장되는 학교를 위한 공교육 진보의 핵심 키워드 중 하나이다.

학교민주화 제도로서의 핵심은 교사회-학생회-학부모회의 법제화라 할 수 있다. 각각의 주체들이 공식적 기구를 결성한 뒤, 각각의 입장에서 학교에 대해 토론하고 자치활동을 진행하면서, 학교운영위원회를 통해 의견을 조정하고 실천해가는 과정을 거치는 학교 모습이 학교 자치의 핵심이라 할 수 있다.

2. 교사자치

인권이 보장되는 학교와 민주적 학교운영을 위해서는 교사들의 민주주의 의식과 인권감수성을 높이는 것이 가장 핵심이라 할 수 있다. 실

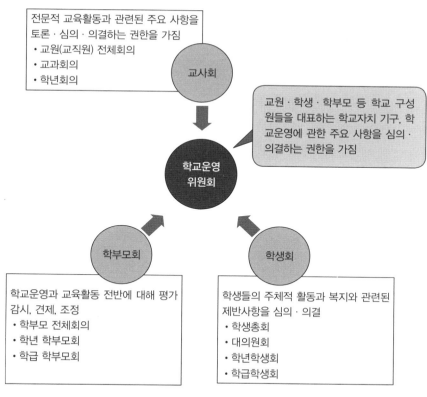

전문적 교육활동과 관련된 주요 사항을
토론·심의·의결하는 권한을 가짐
• 교원(교직원) 전체회의
• 교과회의
• 학년회의

교사회

교원·학생·학부모 등 학교 구성
원들을 대표하는 학교자치 기구, 학
교운영에 관한 주요 사항을 심의·
의결하는 권한을 가짐

학교운영
위원회

학부모회

학생회

학교운영과 교육활동 전반에 대해 평가
감시, 견제, 조정
• 학부모 전체회의
• 학년 학부모회
• 학급 학부모회

학생들의 주체적 활동과 복지와 관련된
제반사항을 심의·의결
• 학생총회
• 대의원회
• 학년학생회
• 학급학생회

학교자치(학교 민주화)의 상

제로 교사는 학생의 동일시 대상이며 인권의 판단자로서 중요한 역
할을 담당하고 있다. 또한 교사들 스스로 민주적 훈련이 동반되지
않으면 학생들에게 민주주의를 가르치는 데 한계를 가질 수밖에 없
기 때문이다. 하지만 현재 상당수의 학교에서 교사들은 민주적 학교
운영에 적극적인 역할을 하지 못하고 있는데, 이는 학교장 중심의 학
교운영 구조 때문이기도 하고 상명하달식 학교문화에 익숙해져 있는
탓이기도 한 것이 현실이다.

이러한 비민주적이고 비인권적인 현실을 개선하기 위해서는 교사회가 학교의 공식적 자치기구로 자리 잡아야 하며 학교운영을 위한 민주적 토론문화를 만들어가는 풍토조성이 절실히 필요하다.

학교의 주요한 구성원이며 상당한 영향력을 가지고 있는 교사들이지만 교무분장에 관한 것이나 교무회의의 기능과 역할 등에 대해서는 법적으로 자세히 규정되지 못한 한계도 명확하다.

진안 마령초 교사회의 모습

법적으로 명문화된 교원조직에 대해 살펴보면 먼저 '교무분장' 조직을 들 수 있다. 학교의 교무분장 조직은 보직교사(통상 부장으로 호칭)의 종류에 따른 부(部) 조직으로 이루어지고 있고, 현행 초·중등교육법 시행령 제33조 제4항, 제34조 제4항, 제35조 제4항에 의하면 학교급 및 학급 수에 따라 보직교사의 수를 규정하고 있기도 하다.

둘째로 '교직원회의 또는 교무회의'는 1997년 12월 초·중등교육법이 제정되면서 당해 학교의 교원대표를 학교운영위원회 구성원 중 하나로 할 것을 명문화했고(초·중등교육법 제31조 제2항), 이 교원대표의 선출과 관련하여 당연직 교원위원인 학교장을 제외한 교원위원을 교직원 전체회의에서 무기명 투표로 선출한다는 규정(초·중등교육법 시행령 제59조 제3항)이 마련됨으로써, 그 동안 관행상 존재했던 교직원회의가 법령상 교원들의 조직으로 공식화되었다. 물론 법령상 교직원회의는 교원들로만 구성되지 않고 직원까지 포함된다는 점에서 완전한 의미의 교원조직으로 볼 수는 없겠으나, 현실적으로는 교원들이 중요한 구성원으로 참여하고 영향력을 행사하고 있는 것이 사실이다. 현재 법령에서 교직원회의의 법적 성격, 권한과 역할, 기능 등을 자세하게 규정하고 있지 않고, 다만 학교운영위원회 교원위원의 대표성을 확보하는 데 그 의의를 두고 있는 점이 한계점으로 지적될 수 있을 것이다.

이러한 교무회의는 학교장의 리더십 스타일이나 학교 사정에 따라 약간씩 운영 방법에 차이는 있으나 대체로 학년부장을 포함한 교무분장 조직상의 각 부장교사들이 중심이 되는 경우가 많고 부장회의를 거쳐 교무회의의 안건들이 처리되는 경우가 많다.

셋째로 '교사회'를 살펴보면 현재 법령상으로 평교사들로만 구성되는 전체 대의기구로서의 교사회는 존재하지 않고, 학년 또는 교과 중심의 교사회가 임의 또는 자생 조직 형태로 존재하고 있다. 주로 교과협의회, 또는 학년협의회 수준의 교사들의 모임체로 운영되는 경우가 대부분이다. 또한 학교 내 별도 자문위원회(교육과정위원회, 인사위원회, 예산결산위원회, 학업성적관리위원회, 학생선도위원회 등) 형태로 구성·운영되기도 한다.

향후 학교의 민주적 운영을 위한 학교자치를 활성화하기 위해서는 현행 초·중등교육법 시행령 제59조 제3항에 의한 법제상 기구인 '교직원 전체회의'와 관행으로 존재하는 '교무회의'를 법률상 심의 의결 기구화할 필요가 있다.

즉 교무회의 구성은 교장, 교감, 교사, 직원으로 하고, 학교장이 의장이 되며, 산하에 전체 교사회, 학년 교사회, 전공 교사회를 두고 기타 학교의 각종 위원회를 교무회의의 하부 소위원회로 규정하는 방안을 모색하면서 기구를 정비하고 민주적 시스템을 갖춰나가는 노력이 필요하다.

사례1. 교무회의의 민주적 운영

2012년 10월 30일, 전교조 전북지부와 전라북도교육청은 정책업무협의회를 통해 전국에서 최초로 민주적 교무회의를 운영하도록 하는 '교무회의 의결기구화' 시행에 합의하고, 그 뒤 2013년 11월 보충협약을 통해 정식 단체협약의 효력을 가지는 노사대표 서명을 진행한다.

전교조 전북지부 – 전북 교육청. 교무회의 의결기구화 합의 시행

"도교육청은 교무회의의 민주적 운영을 위한 다음 각 호의 사항이 포함된 교무회의 운영규정을 제정하여 각급 학교에서 민주적 교무회의가 운영될 수 있도록 적극 노력한다.

① 학교장은 교무회의 의장으로 교무회의를 진행하고, 회의록을 작성한다.

② 토론과 의결은 민주적으로 진행하고 일반적 회의규정에 준하여 시행한다.

③ 교무회의의 결정사항에 대하여 학교장은 특별한 사유가 없는 한 이를 수용한다. 단, 필요시 재논의한다.

④ 학교 교육과정 운영에 관한 사항, 학교운영위원회에 상정할 교무 안건 사전 심의를 의제에 포함한다."

위의 교무회의 의결기구화 합의는 전국 최초이기도 하고 교육과 학교의 개혁을 바라는 많은 교사들이 수십 년간 열망해왔던 제도이기도 하다. 따라서 전북의 교무회의 의결기구화 결정은 여러 가지 의미를 가진다.

첫째, 그동안 학교민주화를 위해 오랫동안 이야기해왔던 학교장 중심의 제왕적 의사결정 구조를 민주적인 소통을 중시하는 학교체제로 바꾸는 물꼬를 튼 것이다.

둘째, 현재 아무런 법적 근거도 없이 관행적으로 진행되던 교무회의를 단체협약이라는 법적 강제력을 가진 회의체제로 만든 것이다.

셋째, 교무회의의 의장을 학교장이 하도록 함으로써 회의의 공신력을 높이고, 정해진 양식은 없지만 학교 자율적으로 회의록을 작성하도록 하여 공식적인 기구임을 명문화한 것이다.

또한 중요사항과 이견이 있는 사항에 대해서는 일반적 회의규정에 준하여 토론을 진행하고 의결절차를 거치도록 했다. 민주적 의결절차는 평교사들의 발언력을 높이고 학교장의 특정한 의도를 제어할 수 있게 하는 장치가 된 것이다.

넷째, 교무회의 의결사항에 대한 강제력을 높인 것이다. 교무회의에서 결정한 사항에 대해 학교장은 반드시 이행해야 하며, 만일 불이행 시 도교육청의 행정조치를 받게 된 것이다.

다섯째, 교무회의의 안건사항을 교육과정 운영 및 학교운영 전반에 관한 것으로 확장함으로써 거의 모든 학교운영에서 합리적 의견 수렴의 절차를 거치도록 제도화한 것이다.

전라북도교육청은 2012년 합의 이후 모든 학교에 공문을 보내 합의사항을 이행하기 위해 각급 학교별 교무회의 운영규정을 자체적으로 만들 것을 지침으로 하달했고, 도내 모든 학교는 최소한 위의 합의사항이 포함된 민주적 교무회의 운영규정을 만들고 시행하기 시작했다. 그러자 도의회 교육상임위의 보수적 교육의원들과 전북 교총은 학교장 권한침해라며 극렬하게 반발하고 공격하기 시작했지만, 학교를 민주적으로 운영해야 한다는 명분 앞에 그 파장은 쟁점으로 의제화되지 않았다.

그 후 2013년 초 전라북도교육청은 각급 학교에서 만들어진 교무회의 운영규정에 대해 잘 만들어졌는지, 제대로 시행되는지 이행점검표(체크리스트 방식)를 통해 실사를 진행하고 불이행 학교에 대해서는 도교육청의 행정지도를 진행하고 지속적 불이행 학교에 대해서는 행정조치를 진행했다.

교무회의 운영규정에 대한 합의 이후 거의 모든 학교에서 민주적 교무회의 운영규정이 만들어진 것은 사실이나, 이러다 보니 일부 학교장들이 교무회의를 피하고 간부회의(교장, 교감, 부장들이 참여하는)를 통해 주요사항을 결정하려는 경향성이 나타나기도 하고, 사립학교들에서는 도교육청의 지침을 가볍게 무시하며 과거에서 한 발짝도 나가지 못하는 경우도 있다.

제도로서 좋은 시스템을 만들고 시행하게 하는 것은 교육자치단체의 노력으로 가능하지만, 실제로 학교현장에서 민주적 학교문화를 만들기를 위해서는 교사들의 적극적인 노력이 동반되지 않으면 안 된다. 하지만 2012년 교무회의 의결기구화 합의 이후 전북의 학교들에서는 최소한 학교가 민주적으로 운영되어야 한다는 공감대는 확산되고 있으며, 혁신학교 및 일반학교들에서도 차츰 원칙대로 교무회의를 진행하며 민주적 학교운영을 위해 노력해가는 추세이다.

사례2. 전교조 "교원 70%, 업무경감 정책 촉구"(전북교육신문. 2015. 7. 1.)

전북지역 초중고 교사들은 교육감이 앞으로 추진할 정책 1순위로 불필요한 공문 축소 등 학교업무 줄이기를 들었다. 전국교직원노동조합 전북지부가 전교조 참교육연구소에 의뢰해 지난 6월 11~19일 전북 초중고 교사 373명에게 질문지를 돌려 조사한 결과이다.

이에 따르면 교사들은 앞으로 교육감이 가장 힘써 추진해야 할 정책으로 8개의 보기 가운데 '불필요한 공문 축소 등 학교업무경감'(70.4%)을 꼽았다.

교사들은 또 지난 1년 교육감의 정책 중 학교업무경감 대책에 대해 46.0%만 긍정적으로 답변해, 부정적인 답변 51.6%에 못 미쳤다. 특히 학급 학생 수와 수업시수가 많은 중학교 교사의 부정적 답변(65.8%)이 긍정적 답변(31.6%)보다 2배 이상 많았다.

이에 대해 전교조 전북지부는 "아직도 교육청에서 불필요한 공문을 줄이지 못하고 있으며, 학교현장에서도 업무 없애기나 줄이기보다는 업무를 서로 떠넘겨 오히려 공동체의 관계가 깨지는 경우가 발생하기도 한다"며 "교사가 수업에 전념할 수 있도록 제도 보완이 필요하다"고 주장했다.

전교조는 특히 "김승환 교육감 1기에 운영되었던 '교원업무경감 T/F'를 뛰어넘는 '학교업무정상화 T/F'를 만들어 교육주체들 간의 민주적 합의와 협의를 통해 학교현장에서 교사가 수업에 전념할 수 있는 여건을 조성해야 한다."고 강조했다.

사례3. 김승환 전북 교육감 "교원업무경감 전방위 추진할 것"(경향신문. 2015. 7. 27.)

김승환 전북 교육감은 27일 오전 확대간부회의에서 "교원업무 최적화의 기본 취지는 교원이 꼭 필요한 업무만 하도록 함으로써 아이들을 가르치는 일에 집중할 수 있게 하는 것"이라며 "지난 1기 때부터 본청과 지원청에서 노력을 했지만 내·

외부적 요인으로 한계가 있었다."고 말했다.

김 교육감은 "교원업무경감은 말이 아니라 교원들이 피부로 느낄 수 있어야 한다. 과감하게 폐지할 것은 폐지하고 축소할 것은 축소해야 한다."면서 교원업무경감에 주력할 것임을 강조했다.

김 교육감은 "그동안 컨트롤타워가 없다 보니 유사 공문 및 공문 중복 발송이 비일비재했다"면서 "각 과에서는 2016년 정책사업 추진계획을 수립하거나 예산을 편성할 때 회의 및 공문발송이 최소화될 수 있도록 사전 준비를 철저히 하라"고 지시했다.

본청이 주도하는 공모사업은 최대한 축소할 것임도 시사했다.

그는 "현재 본청 공모사업은 26개 사업에 117억 9000만원으로 총 911개 학교가 참여하고 있다"면서 "공모사업이 학교 간 경쟁방식을 취하고 있고, 학교별로 너무 많은 사업에 참여하다 보니 교원들의 업무 부담을 가중시킬 수밖에 없었다."고 진단했다.

김 교육감은 "혁신학교, 농어촌작은학교 희망찾기, 원도심학교 살리기 등을 제외한 모든 공모사업에 대해서는 폐지를 적극 검토하고, 별도의 공모사업 추진 시에는 정책공보담당관과 협의하라."고 지시했다.

국회나 도의회의 요구자료도 교육정보통계시스템 및 자료집계시스템을 적극 활용해 단위학교에는 부담을 덜어주는 방안이 추진된다.

김 교육감은 "본청 업무담당자는 전문위원, 보좌관, 의원 등과 요구자료의 내용과 양식 등을 재협의하여 우선적으로 처리하는 것을 원칙으로 하고 자료 요구가 집중되는 9월과 11월의 국정감사와 행정사무감사 때는 감사과에서 '의원 요구자료 처리 전담팀'을 별도로 꾸려 한시적으로 운영할 수 있도록 하라"고 말했다.

김 교육감은 "그동안 교사들에게 과도한 업무가 계속 부과됐고, 하나의 업무가 사라지면 바로 줄대기를 하면서 두 번째, 세 번째 업무가 따라 들어오는 흐름이 이어졌다"면서 "그동안 내·외부적 요인과 공직사회의 관성 등으로 교원업무경감 노력에 많은 한계가 있었지만 앞으로는 과감한 업무혁신을 통해 교원들에게 부과된 불필요한 업무를 철저히 털어낼 것"이라고 강조했다.

—

"학교에 아이들만 없으면 학교업무를 정말 잘 할 자신이 있다. 도대체 수업과 상담, 생활지도 때문에 공문처리나 업무처리할 시간이 없다." 현재 교사들이 과중한 교육 외 업무에 시달리고 있는 풍경을 역설적이고 자조적으로 표현하는 말이다. 현실이 이렇다 보니 교육부도 그렇고 선거에 나오는 대부분의 교육감 후보들도 학교업무 정상화를 공약으로 내세우고 있는 형편이지만 실제로 잘 집행되고 있는지에 대해서는 부정적인 평가가 많다.

학교업무를 정상화하자는 목적으로 그 실태를 조사하고 대책을 학교마다 하나씩 내놓으라는 식의 또 다른 업무가 늘어나는 웃지 못할 상황도 벌어지고 있으니 말이다.

학교업무 경감의 대원칙은 단순히 공문 몇 장 줄이고 업무 몇 개 없앤다고 되는 것이 아니라 교육부와 도교육청에서부터 중복되는 업무를 단일화하여 축소하고, 학교의 자율성을 확대해주는 정책의 변화가 우선되어야 한다. 학교에서 아무리 업무를 줄이고 수업에 전념하려 해도 상급기관에서 변화하지 않으면 학교의 변화는 한계가 있기 때문이다. 만일 이러한 변화가 선행된 뒤라면 학교의 개혁은 소통과 민주적 절차에 기반을 두어야 한다. 즉 교사자치가 동반되지 않는다면 과거의 업무를 방식만 바꾸어 존치하게 되거나, 학교관리자에 의한 일방적 지시전달을 수행하는 구조를 바꾸기가 쉽지 않다.

학교업무 정상화의 핵심은 자치와 더불어 빼기에 있다. 즉 교사가 자율적으로 교육과정을 연구하고 혁신하기 위해서는 기존의 불필요하고 과다한 업무를 과감히 축소하거나 폐지하고 교육을 위해 필요한 업무만 남겨야 한다는 것이다.

학교업무를 정상화하기 위해 기존의 다양한 연구들이 있지만 현재까지의 연구결과 중 교사 입장에서 가장 실질적인 도움을 줄 수 있는 다음 방안을 소개해본다.

학교업무 정상화 3단계 실천 로드맵
(참교육연구소. "교원업무 정상화 모델 및 법제화 방안 개발 연구")

【제1단계 : 교무업무 간소화 및 불필요 업무 폐지】
• 불요불급한 업무 폐지하고, 최대한 간소화

(1) 공문
외부 공문은 원칙적으로 교감이 교무행정전담인력의 도움을 받아 직접 처리하며, 필요한 경우 교사의 자료나 검토를 받아서 교감이나 교무행정전담인력이 작성한다.

(2) 결재
① 이중결재 금지의 원칙
  • 전자결재 이외의 결재절차 폐지, NEIS(전자결재시스템) 결재절차 있는 업무의 종이출력 재결재 금지(예: 수행평가전표, 봉사활동상황기록부, 학생출결현황, 수상대장 외 수상자 별도 기안, 학부모용 교원평가 설문지 등)
  • 어떤 형식으로든 한 번 결재된 사항을 다시 반복결재하게 되는 상황 제거(예: 학년초 연간 교육계획서 등에 포함된 내용은 이후 결재 없이 세부안은 담당자 위임. 학년초 연간 평가계획 결재 이후 각 고사별 기안하지 않음 등)
② 위임전결의 확대와 3단 결재 이내의 원칙

---

(3) 장부

① 법령에서 규정한 법정 장부 외의 장부는 폐지하고, 유관 업무도 함께 폐지한다.

② 법규로 정해진 외에는 출력물(종이문서) 관리 폐지(학교생활기록부 외에는 출력물 관리 의무 사실상 없음)

(4) 각종 행사 및 특색사업

① 각종 교내 행사들의 목록을 작성한 뒤, 불요불급한 행사 취소 및 최소화한다.

② 특색 사업의 경우에도 업무 부하와 사업의 내실성을 고려하여 한두 개에 집중하여 백화점식 나열을 지양한다.

③ 교육과정 정규 교과안에 녹일 수 있는 것은 녹여내어 '옥상옥 교육과정' 작성을 방지한다.

- 정규 교육과정에서 심도 있게 다루고 있는 내용들임에도 교과의 권한과 수업을 침해해가며 각종 글짓기, 포스터, 그리기 대회 등의 관행이 광범위하게 존재

- 이러한 이벤트는 주로 경진대회, 공모전 등의 교육효과가 검증되지 않은 형식을 취하며, 사실상 실적이나 동원용 목적, 혹은 과잉 입시열에 편승하여 스펙 부추기기용으로 운영되는 경우가 다수

- 내용적으로는 호국안보교육, 과학기술교육, 식생활교육, 비만예방교육, 진로교육, 청렴교육, 사이버윤리교육, 양성평등교육, 독도교육, 다문화교육, EBS교육, 최근에는 사교육 절감을 위한 방과후학교나 학교폭력과 관련된 학교폭력예방교육, 인성교육까지 무한대로 확장 중

- 이러한 실적 중심 이벤트들을 운영하느라 많은 학교들은 정규 교과 교육과정을 파행 운영하게 되며, 그나마도 충분한 준비가 불가능하면 서류상으로, 혹은 형식적으로 시늉만 하게 되어 학생들에게 서류 조작을 가르치는 반교육적 결과를 초래하고 있다.

【제2단계 : 학교 내 업무의 직무분석 – 학교업무구분 표준안 마련】

(1) 직무분석의 절차

① 교직원들이 현재 담당하고 있는 업무들의 목록을 작성한다.

② 학교 내 업무를 교육과 교무(교육지원사무, 일반행정사무, 기타사무 등)로 분류한다.

업무 분류		실태	조치
교육		직접적인 교육활동 보다는 이와 연관된 문서작업이나 절차가 지나치게 많거나 복잡하여 업무를 가중시킴	• 불요불급한 문서폐지 • 교육활동과 관련한 각종 절차 간소화 및 교사 자율권 확대
교무	교육지원사무	• 각종 보고 장부 및 문서 작성, 시간표 작성 및 변경, 고사원안 관리, 학적관리, 결·보강 및 강사 수당 지급, 방과후 관리, 연수관리, 각종 기자재 구입신청 등 그 성격상 행정업무나 교사가 관행적으로 담당하여 교육에 전념하기 어렵게 함. • 사실상 교사 업무의 대부분을 차지하며, 이것을 기준으로 업무분장이 이루어지면서 행정이 주가 되는 목적전도 현상 발생	• 불요불급한 업무 대폭 철폐 • 각종 문서와 절차 폐지 및 간소화 • 간소화된 업무를 교무업무 전담 인력에게 부과 • 교무행정을 중심으로 편성된 업무분장 폐지 • 교육적으로 민감한 업무는 교무행정원이 추가 증원될 때 까지 한시적 비담임 보직교사가 일부 담당 • 교무 관리자로서 교감의 역할 강화
	일반행정사무	• 각종 물품구입 실무의 상당부분이 에듀파인으로 인해 교사에게 전가 • 교육정보부 등의 명목으로 사실상 시설, 기자재 관리 및 구입 업무가 교사들에게 전가 • 기타 각종 조사, 통계, 복지 등의 일반 행정사무에 해당되는 업무들이 교무기획부 중심으로 교사에게 부과	• 불요불급한 업무 폐지 • 행정실 이관
	기타사무	• 학부모회 관련 업무가 학부모 자치로 이루어지지 않고 교사의 업무로 전가 • 동창회가 사실상 존재하지 않는데도 동창회 업무가 있어 결국 교사가 담당 • 심지어 청소와 정보 보안 업무까지 교사가 감당	• 학부모회 및 동창회 관련 업무는 학부모 자치 및 동창회에게 이관 • 이관할 실체가 없는 경우에는 실체가 형성될 때 까지 관련업무 중단하거나 교감이나 행정실에서 임시 관리

(2) 직무분석과 직원분류에 따른 정확한 업무소관 확정

① 직무분석 결과 비교육 업무로 분류된 업무 중 교사에게 부가된 업무를

찾아 직원에게 이관하되, 이에 필요한 직원의 수, 다른 행정업무의 경감
방안 등을 확보한다.
② 교사가 교육 이외의 사무를 담당하지 않을 시 다른 직원의 업무 폭주를
방지하기 위해 교육행정을 포함한 모든 학교업무를 대상으로 경량화, 합
리화 작업을 실시한다.

【제3단계 : 학교 재구조화】
• 직무분석 결과에 따라 학교 부서편성과 업무분장의 재조직
• 간소화 없는 재구조화는 의미 없음

(1) 교무업무전담팀 구성
① 일반행정에 해당되지 않으면서, 교육에도 해당되지 않는 각종 교무행정
업무를 전담하는 별도의 팀을 구성하여 교감이 이를 총괄한다.
② 교무행정전담인력이 완전히 충원되기 전까지 모든 교사가 교육만 담당
하기는 어려울 수 있으므로 한시적으로 "교무 업무를 위해 보직교사를
둔다"라는 법규에 따라 보직교사에게만 교무행정업무를 부과(최소한 담
임교사들은 교무행정업무에서 완전 배제)한다.
  • 교무업무전담팀의 보직교사는 수업시수가 적은 비담임 교사를 기준으
  로 배속하며, 승진이나 예우 개념이 아니라 단지 교무행정 업무를 담
  당하는 법적 근거를 위해 부여하는 보직임을 분명히 (업무총괄이 아니
  라 구체적인 업무를 담당)한다.
  • 보직교사는 원칙적으로 1인 단독 부장제 준수, 보직교사 이외의 교사
  에게 '~계'를 부여하지 않음(부원 없음).
③ 기존의 각종 교육 지원사(교무보조, 과학실험 보조, 사서 보조, 방과후
코디, 신규채용 교무실무사)들을 교무실무사로 통폐합한 뒤 업무분장을
재편하여 교무업무전담팀에 배속한다.
④ 잉여 비담임은 교내 학습동아리, 연구회 운영 등 교과 전문성 향상 관련
교육업무나 내실화된 복수담임(임시적 소인수 학급 편성을 가능케 하는
분반형 모델) 역할 등을 부여한다.
⑤ 보직교사의 명칭과 업무 등은 학교 실정에 따라 자율적으로 결정하되,
보직교사나 교감이 업무총괄 등의 업무분장을 하지 않도록 유의한다.

학교교육의 설계도는 교육과정이다. 하지만 기존에 진행하던 업무를 없애지도 못하고, 동학년·동교과 교사들과 협의도 잘 안 되고, 회의를 하더라도 일방적 지시전달만 있고, 교육과정에 대한 구체적인 논의를 하지 못한다면 학교는 그저 형식적 교육기관에만 머물러 있게 될 것이다. 소통과 협력의 민주적 질서를 만들어가는 노력과 함께 업무경감방안을 이행한다면 이제는 '학교교육과정 만들기'를 통해 참교육이 이루어지는 학교를 만들어가야 한다.

교육과정을 바꾸기 위해서는 제일 먼저 교육계획, 목표, 학년 교육과정과의 연계성을 확보하기 위해 일상적 협의가 가능한 학교문화를 만드는 것이 첫째조건이다. 동학년 회의는 지시 전달의 통로에서 벗어나 논의하고 소통하는 구조중심으로 자리매김해야 하며 학년부장은 학년의 의견을 민주적으로 수렴하고 조정하는 역할을 담당해야 한다.

또한 각종 협의회를 효율적으로 운영하는 것이 필요하다. 흔히 회의 자체가 주체적으로 이루어지지 못하고 일방적으로 회의 주제가 전달되고 회의를 한다고 하더라도 최종 결정권자에 의해 뒤바뀌는 경우가 허다한 것이 사실이다. 협의회에서 협의하고 합의된 내용에 대해 합리적 의사결정으로 존중해주고 필요시 재협의를 하는 등의 민주적 결정 시스템이 필요하다.

둘째로 학교 행사는 교과와 범교과 학습 내용에 거의 들어 있으므로 학년 교육과정과 연계하여 학생 발달을 도모할 수 있는 교육활동으로 기획하고 배치하는 것이 필요하다. 교육과정을 실제로 운영하는 과정에서 집중과 확산을 원칙으로 학교 행사, 학년 행사, 학급 행사 등으로 배치한다.

셋째로는 동학년 협의회 활성화를 통한 교육과정 만들기가 되어야 한다. 학교 교육과정은 통합적으로 교육활동이 이루어지고 학년 단위, 교과단위로 교육활동이 수행되기 때문에 학년 교육과정이 먼저 수립되고 반영되어야 한다. 그런데 현실은 관행적으로 부서별 교육활동을 먼저 세우고 학년 교육과정에 반영하는 역과정의 구조이다. 학교 행사가 학년 교육과정의 실행이 아닌 부서의 행사 추진 관행에서 비롯되는 것으로 부장 중심 행사나 관리자의 요청, 상부 지시사항에 기반을 둔 틀에서 벗어나야 한다. 이를 위해서는 동학년 회의를 통한 평상시 회의 체제 확립과 해당 학년의 학기별 교육과정 운영 평가회가 정상적으로 이루어져야 한다.

마지막으로 가능하다면 학교운영의 전환을 통한 교육과정 만들기도 고민해볼 필요가 있다. 예컨대 학년 교육과정 수립을 위해 12월에 학년과 담임을 배정하는 것이다. 이동하는 교사를 제외하고 부장 선출 및 학년과 교과 배정의 시점을 앞당겨야 학년 교육과정 수립이 가능하다. 그래야 배정된 교사를 중심으로 차기 학년 교육과정 논의를 빨리 할 수 있고, 교사들은 학년 교육과정을 연구하고 소통하여 반영할 학년 교육과정의 초안을 마련할 수 있기 때문이다.

3. 학생자치

학생자치란 학생들에게 관련된 사항에 대해서는 원칙적으로 학생 스스로 결정하거나 참여하는 것을 말한다.

교문에서 두발검사, 복장검사를 하는 교도관(교사)과 수감자(학생)의 만남이 어색하지 않은 것이 바로 한국의 학교문화이고, 그것이 입시라는 집단추구의 목적과 만났을 때 학생들은 통제의 대상이 된다.

통제의 대상이 되다 못해 그것을 넘어 학생에 대한 교사의 '적당한' 폭력은 교권으로 옹호되기도 한다. 한국의 학교문화에서는 아직까지도 이러한 학생자치의 걸음마적 수준도 쉽지 않은 셈이다.

학교자치의 큰 축 중 하나가 학생회를 중심으로 한 학생자치의 영역이다. 대한민국 헌법 제1조에서 "대한민국은 민주공화국이다"라고 정의하고 있다면 대한민국 공교육의 일차적 소명은 학생들을 민주/공화국의 구성원으로 길러내는 것이어야 한다. 학교에서 인간의 권리를 배우고, 민주적 협의와 합의의 과정을 학습하고 실천해가는 과정을 통해 공화국의 구성원으로 성장시켜 가야 한다는 것이다.

하지만 현실은 이른바 서울대 한줄세기로 대표되는 입시위주의 경쟁시스템 속에서 다른 덕목은 모두 배제된 채 오로지 학습과 경쟁에서 우위를 점하는 학생을 길러내고 있는 것이 사실이다.

우리 역사에서 역사적 변곡점을 찍은 사건에 학생들이 중심이 된 경우가 상당하다. 광주학생의거와 같은 항일운동, 4·19혁명, 1980년대 민주화운동 등 민주주의를 위해 학생이 직접 나선 경우가 많고 그 결과 우리 헌법과 법률에는 학생자치활동에 대한 기술이 비교적 잘 되어 있는 편이다.

학생회는 당해 학교 학생들의 의사를 대표하는 대의기구로 법령 및 학교규칙에 근거한 절차에 따라 구성된 조직으로서 학생 생활에 중요한 역할을 담당하는 기구이다. 현행 초·중등교육법 제17조(학생자치활동)에 의하면, "학생의 자치활동은 권장·보호되며, 그 조직 및 운영에 관한 기본적인 사항은 학칙으로 정한다."라고 규정하고 있고, 같은 법 시행령 제9조(학교규칙의 기재사항) 제1항 제8호에 학교규칙의 기재 사항 중 하나로 "학생자치활동의 조직 및 운영"을 명시하고 있으며, 동 시행령 제30조(학생자치활동의 보장)에 "학교의 장은 법 제17

조의 규정에 의한 학생의 자치활동을 권장·보호하기 위하여 필요한 사항을 지원하여야 한다."라고 규정하고 있다.

이것은 교사자치나 학부모자치의 근거가 거의 없는 상황과 비교해 볼 때 학생자치에 관한 법적 근거는 현행 법령 체계에서도 학생자치활동의 보장 차원에서 어느 정도 규정되어 있는 상태라고 할 수 있다.

다만 향후 학교자치의 활성화를 위해서는 현재의 법률 수준에 맞게 학생자치활동의 활성화에 초점을 두면서, 점차 학교운영에 학생들의 의견 반영도를 높이는 방향으로 나아가야 한다.

이를 위해 학생자치활동 보장기구로서 학생회를 둘 수 있도록 한 현행 규정을 법률 수준으로 격상시키고, 그 역할과 기능에 있어서 학생들의 학교생활과 관련한 내용을 강화하는 방안이 검토되어야 할 것이다.

출처 – 전북학생인권교육센터

사례1. 추워도 외투 벗어라. 불합리한 교칙(좋은교사운동 발표자료. 2015. 1. 4.)

좋은교사운동이 지난해 경기도교육청이 학생들과 함께 실시한 교칙 분석 내용과 서울 지역 22개 고교 교칙 등을 분석한 결과 인권침해를 포함하는 학칙의 대표적 사례들을 발표했다.

1) M여고(사립일반)는 '긴 머리는 묶어야 하며'라고 명시하고 있다.

2) 서울 A중학교 학생들은 기온이 영하 10도까지 떨어진 지난달 초 등교할 때 외투를 모두 벗고 교문을 통과해야 했다. 이 학교는 교실 내에서도 추위의 정도와 관계없이 외투를 입는 것을 학칙으로 금하고 있다. 실내에서 외투를 착용하고 싶다면 의사의 진단서를 학생자치부에 제출한 뒤 '외투 착용 허용증'을 발급받아야 한다.

3) B고등학교의 교칙에는 학생의 휴대폰을 수업 전 모두 제출하도록 하고 있다. 제출한 휴대폰이 파손되거나 분실되더라도 책임은 소유 학생에게 있다. 또 휴대폰을 미제출하거나 수업 중 소유한 것이 적발될 경우 학교가 압수 보관하며 압수 기간은 교사 재량이다.

4) 여학생의 머리카락이 어깨 선을 넘으면 묶도록 하고 교복 상의 단추는 항상 채우도록 강제하는 학교도 있다.

5) 치마는 무릎선 중간까지 와야 하고 주름은 몇 ㎝까지 박아야 함을 명시한 학교도 있다.

6) 스타킹은 살구색만, 양말은 흰색만 착용할 수 있으며 외투와 구두까지 교복과 함께 맞추도록 강요하는 학교도 있다.

또한 좋은교사운동은 학교 교칙에 대한 학생들과 교사들의 인식을 알아보기 위하여 학생 736명, 교사 298명을 대상으로 2014년 11월 11일부터 21일에 온라인 설문조사를 실시한 결과도 함께 발표했다.

• 설문조사 결과 교사와 학생의 갈등을 가장 많이 유발하는 분야로 학생들이

꼽은 것은 용의복장 규정(35%), 교사들이 꼽은 것은 수업 태도(56%).

- 용의복장 규정 중 가장 비합리적인 규정에 대해 의복(교복, 신발, 외투 등) 규정을 꼽은 경우가 학생(56%), 교사(42%)로 가장 많아. 겨울철 외투 착용에 대한 불만 높아.

- 용의복장을 지도할 때 교칙보다 엄격하게/느슨하게 지도하느냐 분야에 대해 학생과 교사들의 인식 차이 큼.

- 교칙 개정의 민주성에 대해서 학생들의 52%가 부정적 반응, 15%만 긍정적 반응.

- 교칙의 합리성에 대해서 학생들의 37%가 부정적 반응, 17%만 긍정적 반응.

- 상벌점제 폐지에 대해서 학생들의 44%가 긍정적 반응, 23%가 부정적 반응인 데 비해 교사들은 34%가 긍정적 반응, 41%가 부정적 반응. 경기도도 비슷한 수준.

사례2. 학칙 분석 결과(부산청소년노동인권네트워크 발표자료. 2014. 12. 16.)

부산청소년노동인권네트워크와 전교조 부산지부가 공동으로 학교규정이 공개된 학교를 대상으로 부산지역 중고교 180개(고등학교 153개교, 중학교 27개교) 학칙을 분석한 결과를 발표했다.

1) 단체, 집단 활동을 금지하거나 이러한 활동을 하기 위해 학교의 허가를 받아야 한다는 규정이 81.8%의 학교에 존재하고 있다.

2) 징계사유에 문제가 있는 규정이 있는 학교는 (예를 들어, 퇴학사유로 '품행불량', '가망 없음', '학생선동', '결석잦음', '가출3회', '정치성, 집단행동 동조' 등이 있는지의 여부. 그 밖에 징계사유로 '생활습관의 난잡', '언동불손', '모임 꾀함', '예의 없음', '경찰훈방된 학생', '정치성 언행', '실내장난', '소란행위', '수업태도불량', '주민신고', '용의불량' 등이 있는지 여부.) 88.1%에 달

하고 있다.

3) 고정식 명찰을 부착하도록 강요하는 학교는 24.5%이다.

4) 휴대폰에 대한 규정을 조사한 결과, 70% 이상의 학교들이 학교 안에서 수
업시간 외에 쉬는 시간이나 점심시간에도 휴대폰 사용을 제한하며, 규정을
지키지 않은 경우 학교에서 휴대폰을 장기간 보관하는 징계가 있다.

5) 징계여부, 성적, 학년, 품행에 따라 선거권, 피선거권에 제한을 두는 규정이
있는 학교는 65.4%이다.

6) 학급간부 및 임원이 징계를 받을 시에 자격이 박탈된다는 규정이 있는 학교
는 52.2%이다.

7) 아르바이트를 금지하는 규정이 있는 학교도 24.5%에 달한다.

부산지역 중 · 고등학교의 학칙에서 인권침해요소 순위

심각한 순위	문항내용	중고등 학교수	중고등 학교비율
1위	징계사유의 문제가 있는가?	140	88.10%
2위	인권 침해적 언어를 사용한 규정이 있는가?	132	83.00%
3위	단체, 집단 활동을 금지하거나 이러한 활동을 하기 위해 학교의 허가를 받아야 한다는 규정이 있는가?	130	81.80%
4위	징계로 휴대폰을 압수하여 장기 보관하는 규정이 있는가?	119	74.80%
5위	학교 안에서 수업시간 외의 시간에도 휴대폰의 사용을 제한하는 규정이 있는가?	112	70.40%
6위	교외행사에 참가, 출품, 출연을 하는 것을 제한하는 규정이 있는가?	108	67.90%
7위	징계여부, 성적, 학년, 품행에 따라 선거권, 피선거권에 제한을 두는 규정이 있는가?	104	65.40%
8위	징계와 상벌의 내용, 방식에 문제가 있는가?	100	62.90%

계속

심각한 순위	문항내용	중고등 학교수	중고등 학교비율
9위	정치활동, 노동운동을 금지하는 규정이 있는가?	96	60.40%
10위	개인 여가, 여행, 자취허가 및 통제, 교우관계를 통제하는 규정이 있는가?	88	55.30%
11위	학급간부 및 임원이 징계를 받을 시에 자격이 박탈된다는 규정이 있는가?	83	52.20%
12위	표현의 자유를 침해하는 규정이 있는가?	66	41.50%
13위	불법집회 참여에 대한 통제를 하는 규정이 있는가?	64	40.30%
14위	징계와 상벌 절차에서의 문제가 있는가?	61	38.40%
15위	학교 외 생활인 야간 외출, 외박에 관여하는 규정이 있는가?	46	28.90%
16위	고정식 명찰을 부착하거나 패용할 것을 강요하는 규정이 있는가?	39	24.50%
17위	동아리 결성시 등록을 승인받아야 한다거나 지도교사가 필수로 필요하다는 규정이 있는가?	39	24.50%
18위	아르바이트를 금지하는 규정이 있는가?	39	24.50%
19위	투표가 아닌 교사 등이 임원을 임명하거나 추천한다는 규정이 있는가?	36	22.60%
20위	귀가시간을 통제하는 규정이 있는가?	32	20.10%
21위	게시판에 부착하는 경우 허가를 받아야 한다거나 선동적 문구를 금지한다는 규정이 있는가?	25	15.70%
22위	정리정돈을 강요하거나 등교시간 전 등교를 강요하는 규정이 있는가?	18	11.30%
23위	학교 게시판을 사용할 시에 허가를 받아야 하거나 통제를 받는 규정이 있는가?	18	11.30%
24위	선거공약을 학교에서 제한하는 규정이 있는가?	16	10.10%
25위	아르바이트를 하기 위해 담임교사나 학부모 등의 허가가 필요하다는 규정이 있는가?	16	10.10%
26위	임원 선출기준이 학년마다 다른 경우가 있는가?	12	7.50%
27위	종교의 이유로 학교의 행사나 일정에 거부 시 징벌을 주는 규정이 있는가?	1	0.60%

학교생활규정은 학교 내 구성원 모두의 생활을 규정짓는 일종의 학교자치법규와 같은 역할을 한다. 실제로 학교에서 교사에 의한 지도방식이 문제가 되어 상급기관에서 해당 학교에 대해 조사할 때 가장먼저 살펴보는 것 중의 하나가 학교생활규정에 따라 적절히 지도했는지 여부이다. 따라서 학교생활규정에는 주요하게 갈등이 유발되는 항목을 자세히 규정해놓는 것이 바람직하다.

학교생활규정 중 인권을 침해하는 항목을 개선해가는 과정 못지않게 중요한 것이 적용과정에서 해석의 자의성을 최소화하는 노력이다. 지난 2014년 서울의 한 고등학교 학생이 친구의 휴대폰을 팔아 넘겨 퇴학조치를 받은 뒤 소송을 제기하여 퇴학 취소를 받은 일이 있었다. 당시 학교 측은 "기강을 잡는 차원에서라도 퇴학시켜야 한다. 체벌이 금지되는 등 바뀐 교육현장의 실태를 감안하면 웬만한 징계처분은 효과가 없다"라고 의견을 내세웠고 상당수 학교들에서 퇴학사유에 '개전의 가망이 없는 자'라고 자의적 해석이 가능하도록 명시하고 있기도 한 실정이다.

또한 학교의 벽이 균열되어 있는 사진을 자신의 SNS에 올린 학생을 학교의 명예를 훼손했다며 징계한 사례도 있었다. 벽이 갈라진 학교건물이 방치되는 것을 참다 못한 학생이 외부에 알려서 보수공사 예산을 주도록 한 것은 오히려 상을 줘야 할 일임에도 해당 학교장은 "학생이면 학내에서 해결을 해야지 잘못된 글을 올려 학교 명예에 피해가 가게 했고, 더구나 인터넷에 사실이 아닌 내용까지 올린 것은 학교명예를 실추시킨 것이므로 징계 대상"이라고 끝내 자신의 주장을 굽히지 않기도 했다.

> ### 학교생활규정에서 자주 사용되는 자의적 해석을 가능하게 하는 단어들
>
> 학생의 본분에 어긋나지 않는 행동과 용의복장, 학생신분, 불량, 품행불량, 남녀 간 파렴치한 행위, 학생답지 못한 행동, 교사의 지도에 불손한 태도, 교내외 불량한 이성교제, 기초생활습관 불량, 가망이 없다, 선동, 학생다운, 불순, 불온, 개전의 가망 없는, 파렴치한, 학생을 선동하여 질서를 문란, 교육질서를 어지럽힐 목적으로, 동맹휴학을 주동, 불건전, 불미스러운, 불온서적, 여성다운, 불순세력, 백지동맹을 주동 또는 선동, 학생으로서 품위, 불법집회, 불량서클, 신분에 어긋남 없이, 집단행동, 불량목적, 집단 폭행 및 패싸움을 선동하거나, 언행이 거칠거나 불손한 학생, 수업태도가 불량하고, 신발은 검소하고 학생신분에 맞는, 학생신분에 맞는 단정한 머리형, 고사에 불응할 것을 선동한 자, 무절제하고 불건전한 휴대폰 사용, 학교장의 허가 없이 불순한 외부행사에 출연, 학생다운 양말 및 스타킹, 불건전한 문화를 제거함, 패딩 허용(학생다운 색상)

이렇듯 학교생활규정이 불합리하게 되어 있거나 자의적 해석이 가능하도록 하는 규정이 있다면 합리적으로 개정하는 노력이 반드시 필요하다. 대개의 학교생활규정은 학생지도와 통제를 용이하게 하기 위하여 교사중심으로 만들어져 있거나 불필요하게 학생을 억압하는 배후근거로 작동하는 경우가 허다하다. 그렇기 때문에 학교생활규정을 개정할 때 중요한 것이 규정의 내용과 함께 당사자들의 적극적인 참여라 할 수 있다. 규정을 주요하게 적용받는 학생들이 자신들의 의견을 합리적으로 개진하고 적극적으로 반영하는 노력이 보장될 때 개정된 규정은 학교자치법규로서 높은 실효성을 발휘하게 되는 것이다.

전주 ○○중학교에서는 민주적 학교생활규정 개정을 위해 장장 6개월에 걸쳐 교사/학생/학부모가 참여하는 치열한 토론을 거쳐 개정 작업을 진행했다. 초안을 작성하고 학생들과의 토론을 통해 쟁점을 정리한 뒤, 다시 토론회와 공청회를 개최하고, 비슷한 과정을 수차례

반복하며 모두가 만족할 수는 없지만 다수가 동의하는 규정을 만들었다. 그 결과 학생들 스스로 규정을 잘 지키려 노력하는 모습이 나타났고 심지어 학교폭력도 현저하게 줄어드는 놀라운 결과를 낳았다.

이는 규정을 개정하는 과정에서 학생들이 적극 참여하면서 규정의 세부내용을 인지하게 되었고 그 규정을 잘 지키려 했으며, 교사들도 관행적으로 지도해오던 것을 넘어 규정이 허용하는 범위에서 생활지도를 실시하고, 학부모 또한 정당한 규제에 대해 이해와 동의를 하면서 교사/학생/학부모 간 마찰도 줄어들고 사안이 발생할 때 합리적인 토론문화를 형성하는 계기가 되면서 교육적 효과도 높아진 것이다.

또한 서울의 선사고 등 상당수 혁신학교들에서 교사/학생/학부모 3주체 생활협약을 진행하면서 인권이 보장되는 학교와 민주적 협의의 문화를 만들어가고 있는 과정이 전국의 모범사례로 대두되고 벤치마킹되고 있기도 하다.

학교생활규정을 개정하기 위해서 가장 우선시되어야 할 것은 민주적으로 개정되어야 한다는 원칙이다. 교사, 학생, 학부모 어느 일방이 주도하거나 한 입장만 대변되는 것이 아니라 시간이 걸리더라도 소통과 토론, 합의의 과정을 거쳐 살아있는 규정이 되도록 노력하는 것이 가장 바람직하다.

이러한 민주성을 확보하기 위해서는 제일 먼저 규정개정 심의위원회를 구성해야 한다. 학교생활규정 제·개정 제반 사항을 계획하고 추진하기 위하여 학생, 학부모, 교원으로 구성되는 '규정개정 심의위원회'를 설치한다. 이 위원회에서는 규정개정이 필요한지와 만일 규정을 개정하고자 한다면 의견수렴의 절차와 방법을 결정하고, 이후 설문조사나 토론회, 공청회 등을 주관하는 역할을 하게 된다. 가급적 규정개정 심의위원회에는 학생과 학부모의 참여비율이 과반이 되도록 하는 것이 바람직하다.

둘째 단계는 규정개정 심의위원회에서 토론하여 '학생생활규정 제정·개정안을 발의'하는 것이다. 원칙적으로는 언제든 발의할 수 있지만 학생들의 학습권을 고려하여 가급적 매 학년 초로 제한하여 수시개정 발의에 따른 혼란을 방지할 수도 있다. 다만 발의를 학년 초로 한다면 학년 말에 당해연도 학교생활규정의 운영 성과 등을 평가해보고 개정사항을 추출하여 다음 연도 개정안에 반영할 수 있도록 하는 절차를 거치는 것도 필요하다.

셋째 단계는 발의된 개정안을 바탕으로 '학교 공동체 구성원의 의견수렴'의 절차를 거치는 것이다. 먼저 교육기본법, 초·중등교육법 및 시행령, 학생인권조례 등 관련 법령을 검토하여 이에 부합되는지 여부를 확인해야 한다. 또한 학생의 인격을 침해하거나 학생 문화와 지나친 괴리가 있는 내용, 모호한 표현, 자의적으로 해석하기 쉬운 규제 등은 삭제·수정해야 한다. 이러한 기초과정이 끝나고 나면 학생과 학부모, 교직원을 대상으로 설문조사나 공청회, 토론회 등을 개최하여 다양한 의사수렴의 과정을 거쳐야 한다. 특히 학생들이 민감하게 생각하고 불만이 많은 두발, 용의복장, 휴대폰, 상·벌점제, 자치 법정규정 등에 대해서는 학생들의 의견을 적극적으로 수렴·반영할 필요가 있다.

넷째 단계는 의견을 수렴한 결과를 바탕으로 '1차 시안 마련 및 토론회를 실시'하는 것이다. 학교 공동체의 의견 수렴

내용 중 의견 차이가 큰 과제를 쟁점 토론주제로 선정하여 위원회 주관으로 토론회 또는 공청회를 개최하여 간격을 좁히는 과정이 필요

하다. 이 과정에서 가급적 학생, 교사, 학부모 대표가 동수로 토론에 참여하도록 하거나, 누구나 방청할 수 있도록 하거나, 질의응답 및 발언권도 공평하게 제공하는 등의 실질적 민주성도 반드시 확보해야 한다.

다섯째 단계는 이렇게 토론회나 공청회를 통해 마련된 내용을 바탕으로 '최종 시안을 마련'하여 학교운영위원회에 상정하는 것이다. 최종시안 마련의 과정에서 필요시 투표 또는 설문조사 등을 실시할 수도 있다.

여섯째 단계는 '학교운영위원회의 심의' 과정이다. 원칙적으로 학교운영위원회에는 학생 대표가 성원으로서 의결권을 가지지 못하지만, 학교운영위원회 심의과정에 학생 대표가 참석하여 의견을 개진할 기회를 부여하는 것이 중요하다.

일곱째 단계는 '학생생활규정 제·개정 확정 공포'하는 것이다. 이렇게 만들어진 학교생활규정은 학교 구성원들이 모두 알 수 있도록 학교 게시판, 홈페이지, 가정통신문 등을 통해 공고하는 것이 필요하다.

마지막 여덟째 단계는 '학교생활규정 안내 및 연수 홍보'를 시행하는 것이다. 어렵게 만들어진 내용이 문서로만 사장될 것이 아니라 실천해가는 과정과 지키려는 노력이 더욱 중요한 것이다. 따라서 만들어진 규정은 학교 구성원 모두가 숙지하고 실천할 수 있도록 학생, 학부모, 교원을 대상으로 연수를 실시해야 한다. 또한 필요시 학교생활규정의 정착을 위해서 학생 대의원회 대표들을 대상으로 설명회를 개최하거나, 학교생활규정을 담은 소책자, 리플릿 등 홍보물을 제작·배부하거나, 관련 자료를 학교 홈페이지에 탑재하여 공지하도록 하며, 가정통신문 발송, 학부모 문자 메시지 발송 등을 활용하는 것도 방법이 될 수 있다.

민주적 자치 학생회를 방해하는 것들

▶ 성과지상주의
▶ 다양한 종류의 폭력(체벌, 욕설)

민주적 자치 학생회를 만들기 위해 필요한 세 가지

▶ 사람(학생들)
▶ 공간(학생회실)
▶ 예산(사업 추진 비용)

'사람' 구하기

▶ 임원 선출
▶ 학생회 조직 구성
▶ 유기적 관계 맺기

'공간' 만들기

▶ 공식적 회의를 하는 공간
▶ 학생 프로그램을 준비하는 공간
▶ 임원 간의 친밀감을 유지하는 공간

'예산' 세우기

▶ 선거 시 공약을 실현하는 비용
▶ 여론 수렴의 결과를 집행하는 비용
▶ 각종 회의와 모임을 지원하는 비용

자치 학생회 수립 과정

▶ 학생생활 규정을 개정함.
▶ 맞춤형 상벌점제를 수립/시행함.
▶ 학생을 위한 특강 및 연수를 진행함.
▶ 반기별 여론조사를 실시/반영함.
▶ 학생회실을 마련함.
▶ 위 내용과 관련한 예산을 마련함.

임원 선출 과정

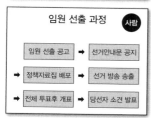

학생회 조직 구성 사람

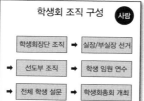

학생회 조직 구성 사람

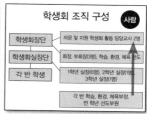

임원 연수 사람

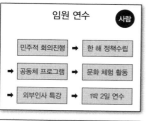

학생회실 마련 공간

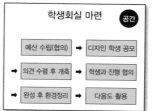

학생생활규정 개정 공간

활동 예산 마련 예산

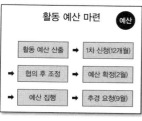

활동 예산 마련 예산

지속 가능한 활성화를 위해 필요한 것들

▶ 관리자의 교육 철학
▶ 행정실의 적극적 지원
▶ 학생회 활동 담당교사의 추진력

학생회 운영 사례(이일여중 김원진교사의 자료를 재구성함)

학급에서도 민주적 자치활동을(전교조 서울지부, "인권평화교육")

학생자치를 생각할 때, 가장 먼저 머릿속에 떠오르는 구체적인 형태는 무엇일까? 바로 재량-특별활동 수업시간 중의 한 항목인 '자치활동'일 것이다. '공식적 자치활동'에는 전교어린이회, 학급어린이회 등이 있다. 그런데 이러한 회의/활동을 통해 학생들에게 '민주주의'에 대한 학습, 즉 자신의 정당한 권리를 떳떳하게 주장하며, 타인의 권리와의 조화를 생각하고, 자신의 이러한 권리들을 실현시킬 수 있는 학습이 이루어지고 있는지에 대해서는 회의적이다.

생활반성, 매주 반복되는 헛똑똑이 학생들의 동어반복, 교사의 말씀으로 이루어지는 메마른 논의로 채워지는 전교회의, 학급회의에서 이러한 훈련이 이루어질 수는 없다. 게다가 회의에서 교사는 학생들의 비현실적인 주장이 나올 경우 점잖게 지적하며, 혹은 회의 형식에 따르지 않는 학생들을 통제하는 '경찰'로 행동하기도 한다. 반대로 어떤 교사는 학생자치는 학생들이 스스로 알아서 하는 것이고, 교사는 어떠한 개입도, 심지어 어떠한 조언도 불필요하다고 생각하기도 한다. 하지만 민주적 훈련과 학습에서 교사는 방관자여서도 경찰이어서도 안 된다. 교사는 서투른 언어로 말하는 학생들을 다그칠 것이 아니라 그들의 친절한 번역자가 되어야 한다.

학생자치는 먼 곳에서 찾는 것이 아니다. 대단한 일을 다루어야 할 필요도 없다. 살면서 만나게 되는 불편한 진실들을 찾아 나름의 방식으로 풀어가는 것이 곧 자치이기 때문이다.

교육을 삶과 분리된 것으로 가르칠 때 학생들과 교사는 모두 소외된다. 배움을 통해 깨달음을 얻고 실천을 통해 작은 것이라도 바꾸어 가는 경험을 하면서 학생들은 자존감을 키우며 자라난다. 그래야 나도, 세상도 함께 행복해진다.

○ 불편한 진실 찾기

학생이나 교사나 익숙하게 반복되는 일상에서 불편함을 찾기란 쉬운 작업이 아니다. 학생들에게 민주주의나 인권감수성이 자라지 않은 상황이라면 생활 속 불편함은 보이지 않는 경우가 오히려 더 많다. 간혹 찾는다 해도 교사가 가진 기득권을 포기하는 희생(?)을 감수해야 하니 학교나 학급에서 다룬다는 것은 여러모로 여간 어려운 일이 아니다.

하지만 사소해 보이는 그 불편함을 찾아 개선하려는 노력은 인간의 고귀함을 지키는 일이기에 학교에서 아주 소중하게 다뤄야 하는 문제이다. 자신의 삶에서 불편함을 드러내고 그 불편함을 개선하기 위한 민주적인 소통 방식을 학습하며 변화시켜 가는 노력은 꼭 학생자치가 아니어도 교육을 통해 연습되어야 할 영역임에는 틀림없다.

○ 학급회의로 풀어가기

불편함을 찾아냈다면 그것을 해결해가는 과정을 몸소 겪어야 한다. 이때 가장 일반적으로 쓸 수 있는 방법이 바로 학급회의이다. 회의는 구성원이 머리를 맞대고 문제를 풀어가는 가장 민주적인 방법이다.

우선 학급회의는 사소하더라도 학급의 실질적인 문제를 해결하는 과정이어야 의미가 생긴다. 즉, 서로 생활하면서 발생하는 소소한 문제들이 모두 다 학급회의의 안건이 될 수 있다. 멀리서, 그리고 대단한 것부터 찾으려 하면 할수록 회의 자체가 아이들과 멀어질 수밖에 없다.

회의에서 어려워하는 것 중 하나가 어려운 회의 용어이다. 복잡한 회의 용어는 가뜩이나 회의에 익숙하지 못한 학생들을 주눅들게 한다. 회의 용어는 쉽게 풀어서 다른 말로 바꾸어 쓰거나 꼭 필요한 말이라면 꾸준히 사용하면서 자연스럽게 용어에 익숙해지도록 하는 것이 좋다.

마지막으로 형식적인 회의가 되지 않도록 결정사항은 꼭 실천하도록 한다. 학생들의 결정을 존중하고, 결정사항을 교사와 학생 모두가 실천하려고 노력할 때 회의가 의미 있어진다.

이때 논의가 잘 이루어지기 위해서는 우선 허용적인 분위기가 전제되어야 한다. 다시 말해 민주적 학급분위기를 조성하고 다양성을 이해하고 존중하는 태도가 몸에 밸 수 있도록 하는 지속적인 노력이 필요하다.

○ 수업지도에서 학급회의 바로 보기

[학급회의의 원칙]

• 절차나 용어에 얽매이지 않기
• 대단한 안건이 아닌 작은 회의 지향하기
• 구체적인 계획을 잡아 꼭 실천하도록 노력하기
• 꼭 결론을 내려야 한다는 생각 버리기. 특히 다수결

[회의 주제 잡기]

• 회의 주제는 생활에 널려 있다.
• 학생들이 학교 생활과정에서 일어날 수 있는 문제들과 그 사례들
  예)
    - 김○○ 은따 문제, 어떻게 해결할 것인가?
    - 짧은 바지/치마 지적, 어떻게 바라볼 것인가?
    - 불우이웃돕기에 참여할 것인가?

- 체육수업을 교실에서만 하는 문제, 어떻게 하지?
- 급식 스티커 제도에 참여할 것인가?
- 점심시간이나 방과후, 운동장 사용을 못하게 하는 것은 어떤 문제가 있는가?

[회의 진행하기]

• 회의 진행자(의장) 뽑기 : 회의 진행자는 돌아가면서 하는 것도 좋고, 학생들이 자연스럽게 추대하게 해보는 것도 좋다. 회의 주제나 성격에 따라 잘 할 수 있는 학생이 하는 것도 좋다. 자발적으로 의장을 맡을 학생이 있는 경우에는 그 학생에게 기회를 제공하는 것이 좋다. 또한 회의를 진행하는 것이 어렵지 않다는 것을 알려주어야 한다. 의견을 요약하고 정리하고 다양한 의견이 제기될 수 있게 진행하는 것은 성인도 어렵다. 단 회의 중에 가르쳐주는 것이 아니라 회의가 시작되기 전이나 끝나고 회의 진행에 대한 피드백이 이루어지는 것이 바람직하다.

• 안건 올리기 : 안건 올리기는 시간을 두고, 자료수집과 생각할 시간을 주도록 한다. 그러나 긴급하게 회의해야 할 일이 생기거나 시의성이 강한 안건일 경우, 즉시 올릴 수도 있고 안건 올리기 게시판을 만들어 올리기도 좋다.

• 〈토의가 중심이 되는 안건〉, 〈찬반토론을 주로 해야 할 안건〉인가에 따라, 회의 주제에 따라, 좌석배치나 논의 방식 등이 달라질 수 있다.

• 논의가 지루하다고 무조건 표결에 부치는 것은 결과에 대한 급한 마음에 학생들이 숙고하거나 각각의 결과에 대해 예상하는 경험을 박탈하는 것일 수 있다. 물론 표결이 필요한 경우도 있지만 의사

결정이 이루어진다고 그 결정이 절대성을 갖는 것은 아니므로 실천 후 문제점에 대해 다음 회의에서 재론될 수 있다.

[회의 결과 처리하기]

• 실천하는 방법을 따로 소위원회를 구성하여 논의할 수도 있다.
• 결정된 사항은 반드시 실천할 수 있도록 노력하며, 실천하기 어려운 장애물이 생기면 심의 논의한다.
• 회의에서 결론을 반드시 내야 한다는 생각을 버리자.

학생자치활동 예시

○ 아침 독서 아이들이 만들어요!!

8시 40분부터 9시까지 독서시간을 독서부 동아리 학생들이 이끈다. 그 전까지 이러저러한 수다도 떨고, 하고 싶은 활동을 하면서 와자지껄한 교실. 독서부 학생들이 교실 앞에 나와 조용히 책을 읽기 시작하면 우리 반 아이들도 자연스럽게 자리에서 독서활동을 한다. 독서부 학생들이 교실 앞에서 책만 읽기 시작했을 뿐이지만 서로의 약속 속에서 다른 아이들도 독서를 시작하는 것이다. 물론, 다른 활동을 하는 학생도 있다. 하지만 가장 중요한 것은 독서를 하는 친구에게 방해가 되지 않아야 한다는 것이다.

○ 체육시간에 아이들이 함께 놀이를 배워요!

일주일에 세 번 있는 체육시간 중 한 시간, 그 중에서 20분 정도를 체육부 아이들이 놀이를 생각해와서 반 아이들과 함께 놀이를 한다. 그러나 놀이 배우는 시간은 체육부가 아니어도 함께할 수 있는 놀이를 생각해온 아이들이 알려주면서 함께 즐긴다.

⭕ 자리 정하기, 우리가 해요!

자리 정하기를 할 때 학급회의를 거쳐서 어떤 방식으로 자리를 정할지 고민을 한 후에 아이들이 의견을 모아 자리를 정한다. 그러면 정말 잔치 분위기도 나고, 서로간의 불평불만이 없어진다.

⭕ 학급 학예회를 '학생자치 한마당'으로 준비해요!

학생자치는 그야말로 학생들에게 '마당'을 열어주는 것이다. 그 마당에서 자신들의 목소리와 행동을 마음껏 펼치게 하는 것이다. 그런 경험 속에서 아이들은 누군가가 채워주는 내용과 형식이 아니라 자기가 만들어가는 기쁨과 행복을 맛볼 수 있다. 학교 교육과정에서 배운 많은 것들을 학급 학예회라는 공간을 이용해서 아이들이 기획하고, 사회를 보고, 내용을 채운다면 어떨까? 짧은 시간이지만 누군가에 의해 주도되는 것이 아니라 아이들이 스스로 만드는 학급 학예회를 준비해보자. 그럴 때 진정으로 주인공이 되는 것이다.

⭕ 1인 1역? 그때 그때 달라요!

1인 1역을 어떻게 할지도 달마다 학급회의에서 결정한다. 어느 달은 모둠별로 요일을 정해서 학급봉사를 하기도 하고, 어느 달은 번호대로 돌아가면서 하기도 한다. 하지만 최소한의 역할을 정할 것, 다른 것은 모두 각자가 조금씩 책임을 나눠서 질 것, 편하면서도 자연스럽게 규칙이 가장 간단한 방향으로 결정한다는 원칙을 모두가 공유한다.

각 시도 학생인권조례에서 학생인권·자치와 관련된 주요 내용

⭕ 학습에 관한 권리

① 학생은 법령과 학칙에 근거한 정당한 사유에 의하지 아니하고는 학습에 관한 권리를 침해받지 아니한다.

② 학교의 장은 교육과정을 자의적으로 운영하거나 학생에게 임의적인 교내·외 행사 참석을 강요하여서는 아니 된다.

⭕ 정규교과 이외 교육활동의 자유

① 학교의 장은 학생에게 야간자율학습, 보충수업 등 종례 이후 실시되는 정규교과 이외 교육활동을 강요하여서는 아니 되며, 정규교과 이외 교육활동에 참여하지 않았다는 이유로 불이익을 주어서는 아니 된다.

⭕ 휴식을 취할 권리

① 학교의 장은 정규교과 시간 이외 교육활동을 강요함으로써 학생의 휴식을 취할 권리를 침해하여서는 아니 된다.

⭕ 개성을 실현할 권리

① 학생은 복장, 두발의 길이·모양·색상 등 용모에서 자신의 개성을 실현할 권리를 가진다.

⭕ 사생활의 자유

① 학생은 학교의 부당한 간섭 없이 개인 물품을 소지·관리하는 등 사생활의 자유를 가진다.

② 교직원은 학생의 동의 없이 소지품을 검사하거나 압수해서는 아니 된다. 소지품의 검사 또는 압수는 학생과 교직원의 안전을 위하여 긴급한 경우에 필요한 최소한에 한하며, 전체 학생을 대상으로 하는 일괄검사는 지양하여야 한다.

③ 교직원은 일기장이나 개인 수첩 등 학생의 사적인 기록물을 열람하여서는 아니 된다.

④ 학교의 장은 학생의 휴대폰기, 그 밖에 전자기기의 소지 자체를 금지하여서는 아니 된다. 다만, 학교의 장은 수업방해의 방지 등 교육목적상 정당한 사유가 있는 경우에 이 조례 제19조 제2항에 정한 절차를 거쳐 정하는 학교의 규정으로 학생의 휴대폰기 사용과 그 밖에 전자기기의 소지를 규제할 수 있다.

❍ 표현의 자유

① 학생은 자유롭게 의사를 표현할 수 있는 권리를 가진다.

② 학생은 서명이나 설문조사 등을 통해 학교 구성원의 의견을 모을 권리를 가진다.

③ 학생은 집회의 자유를 가진다.

❍ 자치활동의 권리

① 동아리, 학생회, 그 밖에 학생자치조직의 구성과 운영 등 학생의 자치활동은 보장된다.

② 학교의 장은 학생자치조직의 구성과 운영 등 학생자치활동의 자율과 독립을 보장하고 학생자치활동에 필요한 시설과 행·재정적 지원을 하여야 한다.

③ 학교는 성적, 징계를 받은 사실 등을 이유로 학생자치조직의 구

성원 자격을 제한하여서는 아니 되며, 학생자치조직의 대표는 보통·평등·직접·비밀 선거에 의해 선출된다.

④ 학생자치조직은 다음 각 호의 권리를 가진다.

1. 학생자치활동에 필요한 예산과 공간, 비품을 제공받을 권리
2. 학교운영, 학교규칙 등에 대하여 의견을 개진할 권리
3. 학생자치조직이 주관하는 행사를 자유롭게 개최할 수 있는 권리

○ 학칙 등 학교 규정의 제 · 개정에 참여할 권리

① 학생은 학칙 등 학교 규정(이하 '학교규정'이라 한다)의 제·개정에 참여할 권리를 가진다.

② 학교의 장은 학교규정의 제·개정 과정에서 학생들의 의견을 민주적이고 합리적인 절차를 거쳐 수렴하여야 하며, 학생회 등 학생자치기구의 의견 제출권을 보장하여야 한다.

○ 정책결정에 참여할 권리

① 학생은 학교운영과 교육청의 교육정책 결정과정에 참여할 권리를 가진다.

② 학교의 장과 교직원은 학생대표와의 면담 등을 통하여 정기적으로 의견을 청취하도록 노력하여야 한다.

③ 학생 대표는 학생에게 영향을 미치는 사안에 관하여 학교운영위원회에 참석하여 발언할 수 있다.

④ 교육감과 학교의 장은 학생에게 영향을 미치는 사항을 결정할 때에는 학생의 참여를 보장하여야 한다.

세계인권선언

(1948. 12. 10. 국제연합 총회에서 채택)

인류 가족 모든 구성원의 고유한 존엄성과 평등하고 양도할 수 없는 권리를 인정하는 것이 세계의 자유, 정의, 평화의 기초가 됨을 인정하며, 인권에 대한 무시와 경멸은 인류의 양심을 짓밟는 야만적 행위를 결과했으며, 인류가 언론의 자유, 신념의 자유, 공포와 궁핍으로부터의 자유를 향유하는 세계의 도래가 일반인의 지고한 열망으로 천명되었으며, 사람들이 폭정과 억압에 대항하는 마지막 수단으로서 반란에 호소하도록 강요받지 않으려면, 인권이 법에 의한 지배에 의하여 보호되어야 함이 필수적이며, 국가 간의 친선관계의 발전을 촉진시키는 것이 긴요하며, 국제연합의 여러 국민들은 그 헌장에서 기본적 인권과, 인간의 존엄과 가치, 남녀의 동등한 권리에 대한 신념을 재확인했으며, 더욱 폭넓은 자유 속에서 사회적 진보와 생활수준의 개선을 촉진할 것을 다짐했으며, 회원국들은 국제연합과 협력하여 인권과 기본적 자유에 대한 보편적 존중과 준수의 증진을 달성할 것을 서약했으며, 이들 권리와 자유에 대한 공통의 이해가 이러한 서약의 이행을 위하여 가장 중요하므로, 따라서 이제 국제연합 총회는 모든 개인과 사회의 각 기관이 세계인권선언을 항상 마음속에 간직한 채, 교육과 학업을 통하여 이러한 권리와 자유에 대한 존중을 신장시키기 위하여 노력하고, 점진적인 국내적 및 국제적 조치를 통하여 회원국 국민 및 회원국 관할하의 영토의 국민들 양자 모두에게 권리와 자유의 보편적이고 효과적인 인정과 준수를 보장하기 위하여 힘쓰도록, 모든 국민들과 국가에 대한 공통의 기준으로서 본 세계인권선언을 선포한다.

제1조 모든 사람은 태어날 때부터 자유롭고, 존엄성과 권리에 있어서 평등하다. 사람은 이성과 양심을 부여받았으며 서로에게 형제의 정신으로 대하여야 한다.

제2조 모든 사람은 인종, 피부색, 성, 언어, 종교, 정치적 또는 그 밖의 견해, 민족적 또는 사회적 출신, 재산, 출생, 기타의 지위 등에 따른 어떠한 종류의 구별도 없이, 이 선언에 제시된 모든 권리와 자유를 누릴 자격이 있다. 나아가 개인이 속한 나라나 영역이 독립국이든 신탁통치지역이든, 비자치지역이든 또는 그 밖의 다른 주권상의 제한을 받고 있는 지역이든, 그 나라나 영역의 정치적, 사법적, 국제적 지위를 근거로 차별이 행하여져서는 아니된다.

제3조 모든 사람은 생명권과 신체의 자유와 안전을 누릴 권리가 있다.

제4조 어느 누구도 노예나 예속상태에 놓여지지 아니한다. 모든 형태의 노예제도 및 노예매매는 금지된다.

제5조 어느 누구도 고문이나, 잔혹하거나, 비인도적이거나, 모욕적인 취급 또는 형벌을 받지 아니한다.

제6조 모든 사람은 어디에서나 법 앞에 인간으로서 인정받을 권리를 가진다.

제7조 모든 사람은 법 앞에 평등하고, 어떠한 차별도 없이 법의 평등한 보호를 받을 권리를 가진다. 모든 사람은 이 선언을 위반하는 어떠한 차별에 대하여도, 또한 어떠한 차별의 선동에 대하여도 평등한 보호를 받을 권리를 가진다.

제8조 모든 사람은 헌법 또는 법률이 부여하는 기본권을 침해하는 행위에 대하여 담당 국가법원에 의하여 효과적인 구제를 받을 권리

를 가진다.

제9조 어느 누구도 자의적인 체포, 구금 또는 추방을 당하지 아니한다.

제10조 모든 사람은 자신의 권리와 의무, 그리고 자신에 대한 형사상의 혐의를 결정함에 있어서, 독립적이고 편견 없는 법정에서 공정하고도 공개적인 심문을 전적으로 평등하게 받을 권리를 가진다.

제11조 1. 형사 범죄로 소추당한 모든 사람은 자신의 변호를 위하여 필요한 모든 장치를 갖춘 공개된 재판에서 법률에 따라 유죄로 입증될 때까지 무죄로 추정받을 권리를 가진다.

2. 어느 누구도 행위 시의 국내법 또는 국제법상으로 범죄를 구성하지 아니하는 작위 또는 부작위를 이유로 유죄로 되지 아니한다. 또한 범죄가 행하여진 때에 적용될 수 있는 형벌보다 무거운 형벌이 부과되지 아니한다.

제12조 어느 누구도 자신의 사생활, 가정, 주거 또는 통신에 대하여 자의적인 간섭을 받지 않으며, 자신의 명예와 신용에 대하여 공격을 받지 아니한다. 모든 사람은 그러한 간섭과 공격에 대하여 법률의 보호를 받을 권리를 가진다.

제13조 1. 모든 사람은 각국의 영역 내에서 이전과 거주의 자유에 관한 권리를 가진다.

2. 모든 사람은 자국을 포함한 어떤 나라로부터도 출국할 권리가 있으며, 또한 자국으로 돌아올 권리를 가진다.

제14조 1. 모든 사람은 박해를 피하여 타국에서 피난처를 구하고 비호를 향유할 권리를 가진다.

2. 이 권리는 비정치적인 범죄 또는 국제연합의 목적과 원칙에 반하는 행위만으로 인하여 제기된 소추의 경우에는 활용될 수 없다.

제15조 1. 모든 사람은 국적을 가질 권리를 가진다.

2. 어느 누구도 자의적으로 자신의 국적을 박탈당하거나 그의 국적을 바꿀 권리를 부인당하지 아니한다.

제16조 1. 성년에 이른 남녀는 인종, 국적 또는 종교에 따른 어떠한 제한도 받지 않고 혼인하여 가정을 이룰 권리를 가진다. 이들은 혼인 기간 중 및 그 해소 시 혼인에 관하여 동등한 권리를 가진다.

2. 결혼은 양당사자의 자유롭고도 완전한 합의에 의하여만 성립된다.

3. 가정은 사회의 자연적이며 기초적인 구성 단위이며, 사회와 국가의 보호를 받을 권리를 가진다.

제17조 1. 모든 사람은 단독으로는 물론 타인과 공동으로 자신의 재산을 소유할 권리를 가진다.

2. 어느 누구도 자신의 재산을 자의적으로 박탈당하지 아니한다.

제18조 모든 사람은 사상, 양심 및 종교의 자유에 대한 권리를 가진다. 이러한 권리는 자신의 종교 또는 신념을 바꿀 자유와 선교, 행사, 예배, 의식에 있어서 단독으로 또는 다른 사람과 공동으로, 공적으로 또는 사적으로 자신의 종교나 신념을 표명하는 자유를 포함한다.

제19조 모든 사람은 의견과 표현의 자유에 관한 권리를 가진다. 이 권리는 간섭받지 않고 의견을 가질 자유와 모든 매체를 통하여 국경에 관계없이 정보와 사상을 추구하고, 접수하고, 전달하는 자유를 포함한다.

제20조 1. 모든 사람은 평화적 집회와 결사의 자유에 관한 권리를 가

진다.

    2. 어느 누구도 어떤 결사에 소속될 것을 강요받지 아니한다.

제21조 1. 모든 사람은 직접 또는 자유롭게 선출된 대표를 통하여 자국의 통치에 참여할 권리를 가진다.

    2. 모든 사람은 자국의 공무에 취임할 동등한 권리를 가진다.

    3. 국민의 의사는 정부의 권위의 기초가 된다. 이 의사는 보통 및 평등 선거권에 의거하며, 또한 비밀투표 또는 이와 동등한 자유로운 투표 절차에 따라 실시되는 정기적이고 진정한 선거를 통하여 표현된다.

제22조 모든 사람은 사회의 일원으로서 사회보장제도에 관한 권리를 가지며, 국가적 노력과 국제적 협력을 통하여 그리고 각국의 조직과 자원에 따라 자신의 존엄성과 인격의 자유로운 발전을 위하여 불가결한 경제적, 사회적 및 문화적 권리의 실현에 관한 권리를 가진다.

제23조 1. 모든 사람은 근로의 권리, 자유로운 직업 선택권, 공정하고 유리한 근로조건에 관한 권리 및 실업으로부터 보호받을 권리를 가진다.

    2. 모든 사람은 어떠한 차별도 받지 않고 동등한 노동에 대하여 동등한 보수를 받을 권리를 가진다.

    3. 모든 근로자는 자신과 가족에게 인간적 존엄에 합당한 생활을 보장하여 주며, 필요할 경우 다른 사회적 보호의 수단에 의하여 보완되는, 정당하고 유리한 보수를 받을 권리를 가진다.

    4. 모든 사람은 자신의 이익을 보호하기 위하여 노동조합을 결성하고, 가입할 권리를 가진다.

제24조 모든 사람은 근로시간의 합리적 제한과 정기적인 유급휴일을 포함한 휴식과 여가에 관한 권리를 가진다.

제25조 1. 모든 사람은 식량, 의복, 주택, 의료, 필수적인 사회역무를 포함하여 자신과 가족의 건강과 안녕에 적합한 생활수준을 누릴 권리를 가지며, 실업, 질병, 불구, 배우자와의 사별, 노령, 그 밖의 자신이 통제할 수 없는 상황에서의 다른 생계 결핍의 경우 사회보장을 누릴 권리를 가진다.

2. 모자는 특별한 보살핌과 도움을 받을 권리를 가진다. 모든 어린이는 부모의 혼인 여부에 관계없이 동등한 사회적 보호를 향유한다.

제26조 1. 모든 사람은 교육을 받을 권리를 가진다. 교육은 최소한 초등기초단계에서는 무상이어야 한다. 초등교육은 의무적이어야 한다. 기술교육과 직업교육은 일반적으로 이용할 수 있어야 하며, 고등교육도 능력에 따라 모든 사람에게 평등하게 개방되어야 한다.

2. 교육은 인격의 완전한 발전과 인권 및 기본적 자유에 대한 존중의 강화를 목표로 하여야 한다. 교육은 모든 국가들과 인종적 또는 종교적 집단 간에 있어서 이해, 관용 및 친선을 증진시키고 평화를 유지하기 위한 국제연합의 활동을 촉진시켜야 한다.

3. 부모는 자녀에게 제공되는 교육의 종류를 선택함에 있어서 우선권을 가진다.

제27조 1. 모든 사람은 공동체의 문화생활에 자유롭게 참여하고, 예술을 감상하며, 과학의 진보와 그 혜택을 향유할 권리를 가진다.

2. 모든 사람은 자신이 창조한 모든 과학적, 문학적, 예술적 창작물에서 생기는 정신적, 물질적 이익을 보호받을 권리를 가진다.

제28조 모든 사람은 이 선언에 제시된 권리와 자유가 완전히 실현될 수 있는 사회적 및 국제적 질서에 대한 권리를 가진다.

제29조 1. 모든 사람은 그 안에서만 자신의 인격을 자유롭고 완전하게 발전시킬 수 있는 공동체에 대하여 의무를 부담한다.

2. 모든 사람은 자신의 권리와 자유를 행사함에 있어서, 타인의 권리와 자유에 대한 적절한 인정과 존중을 보장하고, 민주사회에서의 도덕심, 공공질서, 일반의 복지를 위하여 정당한 필요를 충족시키기 위한 목적에서만 법률에 규정된 제한을 받는다.

3. 이러한 권리와 자유는 어떤 경우에도 국제연합의 목적과 원칙에 반하여 행사될 수 없다.

제30조 이 선언의 그 어떠한 조항도 특정 국가, 집단 또는 개인이 이 선언에 규정된 어떠한 권리와 자유를 파괴할 목적의 활동에 종사하거나, 또는 그와 같은 행위를 행할 어떠한 권리도 가지는 것으로 해석되지 아니한다.

유엔 아동권리협약

유엔 아동권리협약은 총 54조로 되어 있으며 제1~40조는 실제적인 아동의 권리를 소개하고 있고 제41조는 협약의 법적인 효력을 설명하고 있다. 제42~45조는 협약의 홍보와 이행, 제46~54조는 협약의 비준에 관한 조항들이다.

제1조
아동의 범위는 특별히 따로 법으로 정하지 않는 한 18세 미만까지로 한다.

제2조
1. 협약의 당사국(이후 '당사국'이라 한다)은 아동이나 그 부모, 후견인의 인종, 피부색, 성별, 언어, 종교, 정치적 의견, 민족적·인종적·사회적 출신, 재산, 장애여부, 태생, 신분 등의 차별 없이 이 협약에 규정된 권리를 존중하고, 모든 아동에게 이를 보장해야 한다.
2. 당사국은 아동이 부모나 후견인 또는 다른 가족의 신분과 행동, 의견이나 신념을 이유로 차별이나 처벌을 받지 않도록 모든 적절한 조치를 취해야 한다.

제3조
1. 공공·민간 사회복지기관, 법원, 행정당국, 입법기관 등은 아동과 관련된 활동을 함에 있어 아동에게 최상의 이익이 무엇인지 가장 먼저 고려해야 한다.
2. 당사국은 아동의 부모, 후견인 및 기타 아동에 대해 법적 책임이 있는 자의 권리와 의무를 고려해 아동복지에 필요한 보호와 배려를 보장하

고, 이를 위해 입법적, 행정적으로 모든 적절한 조치를 취해야 한다.

3. 당사국은 아동 보호의 책임을 지는 기관과 시설이 관계당국이 설정
   한 기준, 특히 안전과 위생분야, 직원의 수와 자질, 관리와 감독의 기
   준을 지키도록 보장해야 한다.

제4조

당사국은 이 협약이 명시한 권리의 실현을 위해 입법적, 행정적 조치를 비
롯해 모든 적절한 조치를 취해야 한다. 경제적·사회적·문화적 권리 보장
을 위해 당사국은 최대한 자원을 동원해야 하며 필요한 경우 이를 국제협
력의 관점에서 시행해야 한다.

제5조

당사국은 아동이 이 협약이 명시한 권리를 행사함에 있어 부모나 현지관
습에 의한 확대가족, 공동체 구성원, 후견인 등 법적 보호자들이 아동의
능력과 발달정도에 맞게 지도하고 감독할 책임과 권리가 있음을 존중해
야 한다.

제6조

1. 당사국은 모든 아동이 생명에 관한 고유의 권리를 가지고 있음을 인
   정한다.
2. 당사국은 아동의 생존과 발달을 최대한 보장해야 한다.

제7조

1. 아동은 출생 후 즉시 등록되어야 하며, 이름과 국적을 가져야 하며,
   가능한 한 부모가 누구인지 알고 부모에 의해 양육받아야 한다.

2. 당사국은 국내법 및 관련 국제문서상의 의무에 따라 아동이 이러한 권리를 누릴 수 있도록 보장해야 하며, 국적 없는 아동의 경우 보다 특별한 보장을 해야 한다.

제8조

1. 당사국은 이름과 국적, 가족관계 등 법률에 의해 인정된 신분을 보존할 수 있는 아동의 권리를 존중해야 한다.

2. 아동이 자신의 신분요소 중 일부나 전부를 불법적으로 박탈당한 경우 당사국은 해당 아동의 신분을 신속하게 회복하기 위해 적절한 원조와 보호를 제공해야 한다.

제9조

1. 당사국은 법률 및 절차에 따라서 사법당국이 부모와의 분리가 아동에게 최상의 이익이 된다고 결정한 경우 외에는, 아동이 자신의 의사에 반해 부모와 떨어지지 않도록 보장해야 한다. 이러한 결정은 부모에 의한 아동학대나 유기, 부모의 별거로 인한 아동의 거취 결정 등 특별한 경우에 필요할 수 있다.

2. 이 조 제1항의 규정을 시행하는 절차에 있어 모든 이해당사자는 자신의 의견을 표명할 기회를 가져야 한다.

3. 당사국은 아동의 이익에 반하는 경우 외에는, 부모의 한 쪽이나 양쪽 모두로부터 떨어진 아동이 정기적으로 부모와 관계를 갖고 만남을 유지할 권리를 존중해야 한다.

4. 부모나 아동의 감금, 투옥, 망명, 강제퇴거 또는 사망(당사국이 억류하고 있는 동안 사망한 경우 포함) 등과 같이 당사국이 취한 조치로 인해 아동과 부모가 분리된 경우, 당사국은 아동에게 해롭지 않다고

판단되는 정보제공 요청이 있을 때 부모나 아동, 다른 가족에게 부재 중인 가족의 소재에 관한 필수적인 정보를 제공해야 한다. 또한 당사 국은 그러한 요청 의뢰가 관련자에게 불리한 결과를 초래하지 않도 록 보장해야 한다.

제10조

1. 제9조 제1항에 규정된 의무에 따라 가족의 재결합을 위해 아동이나 그 부모가 당사국에 입국이나 출국 신청을 했을 경우 당사국은 이를 긍정적이며 인도적인 방법으로 신속히 처리해야 한다. 또한 이러한 요청이 신청자와 그 가족에게 불리한 결과를 초래하지 않도록 보장 해야 한다.

2. 부모가 다른 나라에 거주하는 아동은 예외적인 상황 외에는 정기적 으로 부모와 개인적 관계를 갖고 만남을 유지할 권리를 가진다. 따 라서 협약 제9조 제2항에 규정된 당사국의 의무에 따라, 당사국은 아동과 그 부모가 본국을 비롯한 어떠한 국가로부터도 출국할 수 있 는 권리를 존중해야 하며, 본국으로 입국할 수 있는 권리 또한 존중 해야 한다. 이러한 권리는 법률에 의해 규정되어야 하며 이 권리의 제 한은 협약이 인정하는 다른 권리와 부합되는 범위에서 국가안보와 공공질서, 공중보건, 도덕, 타인의 권리와 자유를 보호하기 위한 때 에만 가능하다.

제11조

1. 당사국은 아동이 불법으로 해외 이송되거나 본국으로 돌아오지 못 하게 되는 상황을 막기 위해 적절한 조치를 취해야 한다.

2. 이 목적을 위해 당사국은 양자 또는 다자간 협정을 체결하거나 기존

협정에의 가입을 추진해야 한다.

제12조

1. 당사국은 자신의 의견을 형성할 능력을 갖춘 아동에게는 본인에게 영향을 미치는 모든 문제에 대해 자유롭게 의견을 표현할 권리를 보장하고, 아동의 나이와 성숙도에 따라 그 의견에 적절한 비중을 부여해야 한다.

2. 이 목적을 위해 당사국은 아동에게 영향을 미치는 사법적·행정적 절차를 시행함에 있어 아동이 직접, 또는 대리인이나 적절한 기관을 통해 의견을 진술할 기회를 국내법 준수의 범위 안에서 갖도록 해야 한다.

제13조

1. 아동은 표현할 권리를 가진다. 이 권리는 말이나 글, 예술형태 또는 아동이 선택하는 다양한 매체를 통해 국경과 관계없이 모든 정보와 사상을 요청하며 주고받을 수 있는 자유를 포함한다.

2. 이 권리의 행사는 일정한 제한을 받을 수 있다. 다만 이 제한은 오직 법률에 의해 규정되어야 하며 다음 사항을 위해 필요한 것이어야 한다.
   가. 타인의 권리 또는 명성 존중
   나. 국가안보, 공공질서, 공중보건, 도덕의 보호

제14조

1. 당사국은 사상·양심·종교의 자유에 대한 아동의 권리를 존중해야 한다.

2. 당사국은 아동이 이러한 권리를 행사함에 있어 부모나 후견인이 아

동의 능력 발달에 맞는 방식으로 아동을 지도할 권리와 의무를 존중해야 한다.

3. 종교와 신념을 표현하는 자유는 법률에 의해 규정되어야 하며 공공의 안전, 질서, 보건이나 도덕 또는 타인의 기본권과 자유를 보호하기 위해 필요한 경우에만 제한될 수 있다.

제15조

1. 당사국은 결사의 자유와 평화적 집회의 자유에 대한 아동의 권리를 인정한다.

2. 민주사회의 법체계 안에서 국가안보나 공공의 안전, 공공질서, 공중보건과 도덕의 보호 또는 타인의 권리와 자유의 보호를 위해 필요한 경우 외에는 이 권리의 행사에 어떠한 제한도 가해서는 안 된다.

제16조

1. 아동은 사생활과, 가족, 가정, 통신에 대해 자의적이거나 불법적인 간섭을 받지 않으며 또한 명예나 명성에 대해 불법적인 공격을 받지 않는다.

2. 아동은 이러한 간섭이나 공격으로부터 법적인 보호를 받을 권리가 있다.

제17조

당사국은 대중매체의 중요한 기능을 인정해 아동이 특히 자신의 사회적·정신적·도덕적 복지와 신체적·정신적 건강의 향상에 도움이 되는 국내외 정보와 자료에 접근할 수 있도록 보장해야 한다.

이 목적을 위해 당사국은,

가. 대중매체가 사회적·문화적으로 유익하고 제29조의 정신에 부합되는 정보와 자료를 아동에게 보급하도록 장려해야 한다.

나. 문화적, 국내적, 국제적으로 다양한 정보와 자료를 제작·교류·보급함에 있어 국제협력을 장려해야 한다.

다. 아동도서의 제작과 보급을 장려해야 한다.

라. 대중매체가 소수집단이나 원주민 아동이 겪는 언어상의 어려움에 특별한 관심을 기울이도록 장려해야 한다.

마. 제13조와 제18조의 규정을 유념해 아동복지에 유해한 정보와 자료로부터 아동을 보호하기 위해 적절한 지침을 개발하도록 장려해야 한다.

제18조

1. 당사국은 아동의 양육과 발달에 있어 양쪽 부모가 공동책임을 진다는 원칙이 공인받을 수 있도록 최선의 노력을 기울여야 한다. 부모 또는 경우에 따라 법정후견인은 아동의 양육과 발달에 일차적 책임을 지며 그들은 기본적으로 아동에게 무엇이 최상인가에 관심을 가져야 한다.

2. 이 협약에 규정된 권리의 보장과 증진을 위해 당사국은 아동에 대한 양육 책임을 잘 이행할 수 있도록 부모와 법정후견인에게 적절한 지원을 제공해야 하며, 아동 보호를 위한 기관과 시설, 서비스가 발전할 수 있도록 보장해야 한다.

3. 당사국은 취업부모의 자녀들이 아동보호시설과 서비스의 혜택을 받을 권리를 보장하기 위해 모든 적절한 조치를 취해야 한다.

제19조

1. 당사국은 아동이 부모나 법정후견인, 다른 보호자로부터 양육되는 동안 모든 형태의 신체적·정신적 폭력, 상해나 학대, 유기, 부당한 대우, 성적인 학대를 비롯한 착취로부터 아동을 보호하기 위해 모든 적절한 입법적·행정적·사회적·교육적 조치를 취해야 한다.

2. 이러한 보호조치 속에는 아동 및 아동의 양육책임자에게 필요한 지원을 제공하기 위한 사회계획의 수립과 이 조 제1항에 규정된 아동학대사례에 대한 다른 형태의 방지책, 학대사례를 확인·보고·조회·조사·처리·추적하고 필요한 경우 사법적 개입이 가능한 효과적인 절차가 포함되어야 한다.

제20조

1. 일시적 또는 영구적으로 가정을 박탈당했거나 아동에게 이롭지 않은 가정환경으로 인해 가정으로부터 분리된 아동은 국가로부터 특별한 보호와 원조를 부여받을 권리가 있다.

2. 당사국은 국내법에 따라 이러한 아동을 위한 대안적 보호방안을 확립해야 한다.

3. 이러한 보호는 위탁양육, 회교법의 카팔라(Kafalah, 빈곤아동, 고아 등을 위한 회교국의 위탁양육방법), 입양, 필요한 경우 적절한 아동보호시설에서의 양육까지를 포함한다. 양육 방법을 모색할 때는 아동이 지속적으로 양육될 수 있는가 하는 점과 아동의 인종적·종교적·문화적·언어적 배경을 중시해야 한다.

제21조

입양제도를 인정하는 당사국은 아동의 이익이 가장 먼저 고려되도록 보

장해야 하며 또한

가. 아동의 입양은 적용 가능한 법과 절차에 따라 적절하고 신빙성 있는 정보에 기초해 이루어져야 하며 관계당국에 의해서만 허가되도록 보장해야 한다. 관계당국은 부모나 친척, 후견인과 관련된 아동의 신분상태를 고려해 입양의 허용여부와 필요한 경우 부모나 친척 등 관계자들이 협의해 입양에 대한 분별 있는 동의를 했는가 하는 점을 결정한다.

나. 해외입양은 아동이 위탁양육자나 입양가족을 구하지 못했거나 모국에서는 적절한 방법으로 양육될 수 없는 경우 아동양육의 대체수단으로 고려될 수 있음을 인정해야 한다.

다. 해외입양아가 국내입양아에게 적용되는 보호와 기준을 동등하게 누릴 수 있도록 보장해야 한다.

라. 해외입양의 경우 양육지정이 입양관계자들에게 부당한 금전적 이익을 주는 결과가 되지 않도록 모든 적절한 조치를 취해야 한다.

마. 적절한 상황이 되면 양자 또는 다자간 약정이나 협정을 체결해 이 조의 목적을 촉진시키며, 그러한 체제 안에서 아동에 대한 해외에서의 양육지정이 관계당국이나 기관에 의해 이루어지도록 노력해야 한다.

제22조

1. 당사국은 난민의 지위를 요청하거나 적용 가능한 국제법이나 국내법, 다른 절차에 따라 난민으로 규정된 아동이 부모나 다른 보호자의 동반 여부와는 관계없이 이 협약 및 해당국가의 국제인권/인도주의 관련 문서에 규정된 권리를 누림에 있어 적절한 보호와 인도적 지원을 받도록 관련조치를 취해야 한다.

2. 이 목적을 위해 당사국은 유엔 및 유엔과 협력하는 자격 있는 정부기

관이나 비정부기구들이 이러한 아동을 보호, 원조하고 가족재결합에
필요한 정보 수집을 위해 난민아동의 부모나 가족 추적에 기울이는
노력에 대해 적절한 협조를 해야 한다. 부모나 다른 가족을 찾을 수
없는 경우, 그 아동은 영구적 또는 일시적으로 가정환경을 박탈당한
다른 아동과 마찬가지로 이 협약에 규정된 보호를 받아야 한다.

제23조

1. 당사국은 정신적·신체적 장애아가 인격을 존중받고 자립과 적극적
   사회참여가 장려되는 여건에서 여유롭고 품위 있는 생활을 누려야 함
   을 인정한다.

2. 당사국은 특별한 보호를 받을 장애아의 권리를 인정하며 활용 가능
   한 재원의 범위 내에서 아동과 부모, 다른 아동양육자의 사정에 맞는
   지원이 신청에 의해 해당아동과 양육 책임자에게 제공되도록 장려하
   고 이를 보장해야 한다.

3. 장애아의 특별한 어려움을 인식하고, 이 조 제2항에 따른 지원을 할
   경우, 부모 등 아동양육자의 재산을 고려해 가능한 한 무상 지원을
   해야 하며, 아동이 교육과 훈련, 의료지원, 재활지원, 취업준비 및 오
   락의 기회를 실질적으로 이용할 수 있는 지원 안을 장애아동의 사회
   참여와 문화적·정신적 발전 등 개인발전에 기여하는 방법으로 마련
   해야 한다.

4. 당사국은 국제협력의 정신에 입각해 이러한 분야에서의 능력과 기술
   을 향상시키고 경험을 확대하기 위해 장애아를 위한 재활, 교육 및 직
   업에 관한 정보 보급과 이용을 비롯해 예방의학 분야, 의학적·심리
   적·기능적 치료에 관한 적절한 정보 교환을 촉진해야 한다. 또한 이
   문제를 다룸에 있어 개발도상국의 필요를 특별히 고려해야 한다.

제24조

1. 당사국은 아동이 최상의 건강수준을 유지할 권리와 질병치료 및 건강회복을 위한 시설을 이용할 권리를 인정한다. 이와 관련해 보건의료서비스 이용에 관한 아동의 권리가 침해되지 않도록 노력해야 한다.

2. 당사국은 이 권리의 완전한 이행을 추구해야 하며, 특히 다음과 같은 적절한 조치를 취해야 한다.

   가. 영아와 아동사망률을 낮추기 위한 조치

   나. 기초건강관리 증진에 중점을 두면서 모든 아동이 필요한 의료지원과 건강관리를 받을 수 있도록 보장하는 조치

   다. 기초건강관리 체계 안에서 환경오염의 위험과 피해를 충분히 고려하면서, 쉽게 이용할 수 있는 기술 적용과 충분한 영양식 및 안전한 식수 보급을 통해 질병과 영양실조를 퇴치하기 위한 조치

   라. 산모에게 적절한 산전산후 건강관리를 보장하는 조치

   마. 부모와 아동을 비롯한 모든 사회구성원이 아동의 건강과 영양, 모유수유의 장점, 위생 및 환경정화, 사고 예방에 관한 기초지식 관련 정보를 제공받고 교육받을 수 있도록 지원하는 조치

   바. 예방 중심의 건강관리, 부모교육, 가족계획 교육과 서비스를 발전시키는 조치

3. 당사국은 아동의 건강에 유해한 전통관습을 폐지하기 위해 모든 효과적이고 적절한 조치를 취해야 한다.

4. 당사국은 이 조에서 인정하는 권리의 완전한 실현을 점진적으로 달성하기 위해 국제협력을 증진하고 장려해야 한다. 이 문제에 있어서 개발도상국의 필요를 특별히 고려해야 한다.

제25조

당사국은 아동이 보호나 신체적, 정신적 치료의 목적으로 관계당국에 의해 양육 지정된 경우 해당아동은 치료 상황을 비롯해 양육 지정과 관련된 모든 상황을 정기적으로 심사받을 권리를 가짐을 인정한다.

제26조

1. 당사국은 모든 아동이 사회보험을 포함한 사회보장제도의 혜택을 받을 권리가 있음을 인정하며, 이 권리의 완전한 실현을 위해 자국의 국내법에 따라 필요한 조치를 취해야 한다.

2. 이러한 혜택은 아동 및 아동에 대한 부양책임자의 재산과 상황을 고려함은 물론 아동이 직접, 또는 대리인이 행하는 혜택 신청과 관련된 여러 상황을 고려해 적절한 경우에 부여되어야 한다.

제27조

1. 당사국은 모든 아동이 신체적·지적·정신적·도덕적·사회적 발달에 맞는 생활수준을 누릴 권리를 가짐을 인정한다.

2. 부모 또는 아동을 책임지는 보호자는 능력과 재산의 범위 안에서 아동 발달에 필요한 생활여건을 조성할 일차적 책임을 진다.

3. 당사국은 재정 범위 안에서 국내 상황을 고려해 부모나 아동을 책임지는 보호자가 이 권리를 실현할 수 있도록 적절한 조치를 취해야 하며, 필요한 경우에는 특별히 기본적인 의식주에 대해 물질적 지원과 지원프로그램을 제공해야 한다.

4. 당사국은 국내외에 거주하는 부모, 또는 아동의 재정적 책임자로부터 양육비를 확보하기 위해 모든 적절한 조치를 취해야 한다. 특히 아동의 재정적 책임자가 아동과 다른 국가에 거주하는 경우 국제협

약 가입이나 체결 등 적절한 조치를 세우도록 추진해야 한다.

제28조

1. 당사국은 교육에 대한 아동의 권리를 인정하며, 균등한 기회 제공을 기반으로 이 권리를 점진적으로 달성하기 위해 특별히 다음 조치를 취해야 한다.

   가. 초등교육은 의무적으로 모든 사람에게 무상으로 제공되어야 한다.

   나. 일반 및 직업교육을 포함한 여러 형태의 중등교육 발전을 장려하고, 모든 아동이 중등교육의 혜택을 받을 수 있도록 하며, 무상교육을 도입하거나 및 필요한 경우 재정적 지원을 하는 등 적절한 조치를 취해야 한다.

   다. 모든 사람에게 능력에 따라 고등교육 기회가 개방되도록 모든 적절한 조치를 취해야 한다.

   라. 모든 아동이 교육 및 직업관련 정보와 지침을 이용할 수 있도록 조치를 취해야 한다.

   마. 학교 출석률과 중퇴율 감소를 촉진하는 조치를 취해야 한다.

2. 당사국은 학교 규율이 아동의 인격을 존중하고 이 협약을 준수하는 방향으로 운영되도록 보장하기 위해 모든 적절한 조치를 취해야 한다.

3. 당사국은 특히 전 세계의 무지와 문맹 퇴치에 이바지하고, 과학기술 지식 및 현대적인 교육체계에의 접근성을 높이기 위해 교육부문의 국제협력을 증진하고 장려해야 한다. 이 문제에 있어서 특별히 개발도상국의 필요를 고려해야 한다.

제29조

1. 당사국은 아동교육이 다음의 목표를 지향해야 한다는 데 동의한다.

   가. 아동의 인격, 재능 및 정신적·신체적 잠재력의 최대 계발

   나. 인권과 기본적 자유, 유엔헌장에 규정된 원칙 존중

   다. 자신의 부모와 문화적 주체성, 언어 및 가치, 현 거주국과 출신
   국의 국가적 가치 및 이질적인 문명에 대한 존중

   라. 아동이 인종적·민족적·종교적 집단 및 원주민 등 모든 사람과
   의 관계에 있어서 이해, 평화, 관용, 성(性) 평등 및 우정의 정신
   에 입각해 자유사회에서 책임 있는 삶을 영위하도록 하는 준비

   마. 자연환경에 대한 존중

2. 이 조 제1항에 대한 준수와 교육기관의 교육이 국가가 설정한 최소기
   준에 맞아야 한다는 조건하에, 이 조 또는 제28조의 어떤 조항도 개
   인 및 단체의 교육기관 설립·운영의 자유를 침해하는 것으로 해석되
   어서는 안 된다.

제30조

인종적·종교적·언어적 소수자나 원주민 아동은 본인이 속한 공동체의
구성원들과 함께 고유의 문화를 향유하고, 고유의 종교를 믿고 실천하
며, 고유의 언어를 쓸 권리를 보호받아야 한다.

제31조

1. 당사국은 휴식과 여가를 즐기고, 자신의 나이에 맞는 놀이와 오락활
   동에 참여하며, 문화생활과 예술 활동에 자유롭게 참여할 수 있는 아
   동의 권리를 인정한다.

2. 당사국은 문화적·예술적 활동에 마음껏 참여할 수 있는 아동의 권리

를 존중하고 증진하며, 문화, 예술, 오락 및 여가활동을 위해 적절하고 균등한 기회 제공을 촉진해야 한다.

제32조

1. 당사국은 경제적인 착취를 비롯해 위험하거나, 교육을 방해하거나, 건강이나 신체적·지적·정신적·도덕적·사회적 발전에 유해한 모든 노동으로부터 보호받을 아동의 권리를 인정한다.
2. 당사국은 이 조의 이행 보장을 위해 입법적·행정적·사회적·교육적 조치를 강구해야 한다. 이 목적을 위해, 그리고 여러 국제문서의 관련 규정을 고려해 당사국은 특히 다음의 규정들을 확립해야 한다.
   가. 단일 또는 복수의 최저 고용연령 규정
   나. 고용시간 및 고용조건에 관한 적절한 규정
   다. 이 조의 효과적인 실시를 위한 적절한 처벌 규정

제33조

당사국은 관련 국제조약에서 규정하고 있는 마약과 향정신성 물질의 불법적 사용으로부터 아동을 보호하고 이러한 물질의 불법적 생산과 거래에 아동이 이용되는 것을 방지하기 위해 입법적·행정적·사회적·교육적 조치를 비롯한 모든 적절한 조치를 취해야 한다.

제34조

당사국은 모든 형태의 성 착취와 성학대로부터 아동을 보호할 의무를 진다. 이 목적을 달성하기 위해 당사국은 특히 다음의 사항을 방지하기 위해 적절한 국내적·양국간·다국간 조치를 모두 취해야 한다.
가. 아동을 위법한 성적 활동에 종사하도록 유인하거나 강요하는 행위

나. 아동을 매춘이나 기타 위법한 성적 활동에 착취적으로 이용하는 행위

다. 아동을 외설스러운 공연 및 자료에 착취적으로 이용하는 행위

제35조

당사국은 모든 목적과 형태의 아동유괴나 매매 또는 거래를 방지하기 위해 적절한 국내적·양국간·다국간 조치를 모두 취해야 한다.

제36조

당사국은 아동복지를 침해하는 모든 형태의 착취로부터 아동을 보호해야 한다.

제37조

당사국은 다음의 사항을 보장해야 한다.

가. 어떤 아동도 고문을 당하거나 잔혹하고 비인간적이거나 굴욕적인 대우나 처벌을 받아서는 안 된다. 18세 미만의 아동이 범한 범죄에 대해서는 사형 또는 석방의 가능성이 없는 종신형 처벌을 내려서는 안된다.

나. 어떤 아동도 위법적 또는 자의적으로 자유를 박탈당해서는 안 된다. 아동의 체포, 억류, 구금은 법에 의해 오직 최후의 수단으로서 꼭 필요한 최단기간 동안만 행해져야 한다.

다. 자유를 박탈당한 모든 아동은 인도주의와 인간 존엄성에 대한 존중에 입각해 아동의 나이에 맞는 처우를 받아야 한다. 특히 자유를 박탈당한 모든 아동은 성인과 함께 수용되는 것이 아동에게 최선이라고 판단되는 경우를 제외하고는 성인으로부터 격리되어야 하며, 예외적인 경우를 제외하고는 서신과 방문을 통해 가족과 연락할 권리를

가진다.

라. 자유를 박탈당한 모든 아동은 법률적 지원 및 다른 필요한 지원을
신속하게 받을 권리를 가짐은 물론 법원이나 기타 권한 있고 독립적
이며 공정한 당국에서 자유박탈의 합법성에 이의를 제기하고 이러한
소송에 대해 신속한 판결을 받을 권리를 가진다.

제38조

1. 당사국은 아동과 관련 있는 무력분쟁에 있어 당사국에 적용 가능한
국제적인 인도주의법의 규칙을 존중하고 이행할 의무를 진다.

2. 당사국은 15세 미만 아동이 적대행위에 직접 참여하지 않도록 보장
하기 위해 실행 가능한 모든 조치를 취해야 한다.

3. 당사국은 15세 미만 아동의 징집을 삼가야 한다. 15세 이상 18세 미
만 아동을 징집하는 경우 최연장자부터 하도록 노력해야 한다.

4. 무력분쟁하의 민간인 보호를 위한 국제적인 인도주의법의 의무에 따
라 당사국은 무력분쟁의 영향을 받는 아동을 보호하기 위해 실행 가
능한 모든 조치를 취해야 한다.

제39조

당사국은 모든 형태의 유기, 착취, 학대, 고문, 기타 모든 형태의 잔혹하
거나 비인간적이거나 굴욕적인 대우나 처벌, 또는 무력분쟁으로 인해 희
생된 아동의 신체적·심리적 회복 및 사회복귀를 위해 모든 적절한 조치를
취해야 한다.

제40조

1. 당사국은 형사피의자나 형사피고인, 유죄로 인정받은 모든 아동이

타인의 인권과 자유에 대한 아동의 존중심을 강화하고, 아동의 나이에 대한 고려와 함께 사회복귀 및 사회에서 맡게 될 건설적 역할의 가치를 고려하는 등 인간존엄성과 가치에 대한 의식을 높일 수 있는 방식으로 처우받을 권리가 있음을 인정한다.

2. 이 목적을 위해 국제문서의 관련규정을 고려해 당사국은 특히 다음 사항을 보장해야 한다.

가. 모든 아동은 국내법이나 국제법에 위배되지 않는 행위를 이유로 형사피의자가 되거나 형사기소되거나 유죄로 인정받지 않는다.

나. 형사피의자나 형사피고인이 된 모든 아동은 최소한 다음 사항을 보장받는다.

(1) 법률에 따라 유죄가 입증될 때까지 무죄로 추정받는다.

(2) 피의사실에 대한 변론 준비와 제출에 있어 직접, 또는 부모나 후견인을 통해 신속하게 법률적 지원을 비롯한 적절한 지원을 받는다.

(3) 권한 있고 독립적이며 공평한 기관이나 사법기관에 의해 법률적 지원 및 다른 적절한 지원하에 법에 따른 공정한 심리를 통해 지체 없이 판결을 받아야 하며, 아동에게 최상의 이익이 아니라는 판단이 없는 한 특별히 아동의 나이나 상황, 부모나 후견인 등을 고려해야 한다.

(4) 증언이나 유죄의 자백을 강요당하지 않으며, 자신에게 불리한 증인을 심문하거나 심문받는 것과 대등한 조건으로 자신을 대변할 증인의 출석과 심문을 확보할 수 있어야 한다.

(5) 형법위반으로 간주되는 경우, 판결 및 그에 따른 모든 조치는 법률에 따라 권한 있고 독립적이며 공정한 상급당국이나 사법기관에 의해 심사되어야 한다.

(6) 아동이 사법절차에서 사용되는 언어를 이해하지 못하거나
　　　　　말하지 못하는 경우, 무료로 통역원의 지원을 받아야 한다.
　　　(7) 사법절차의 모든 단계에서 아동의 사생활은 충분히 존중되
　　　　　어야 한다.
3. 당사국은 형사피의자, 형사피고인, 유죄로 인정받은 아동에게 특별
　　히 적용할 수 있는 법률과 절차, 기관 및 기구의 설립을 추진하도록
　　노력하며, 특히 다음 사항에 대해 노력해야 한다.
　　가. 형법위반능력이 없다고 추정되는 최저 연령의 설정
　　나. 적절하고 바람직한 경우, 인권과 법적 보호가 충분히 존중된다는
　　　　조건하에 이러한 아동을 사법절차에 의하지 않고 다루는 조치
4. 아동복지측면에서 적절하고, 아동이 처한 상황 및 위법행위에 맞는
　　처우를 아동에게 보장하기 위해 제도적으로 아동을 보호하는 지도
　　및 감독명령, 상담, 보호관찰, 보호양육, 교육, 직업훈련계획, 기타
　　대체방안 등 다양한 처분이 가능해야 한다.

제41조
이 협약의 규정은 아동권리 실현에 보다 크게 공헌할 수 있는 다음 법률
의 규정에 영향을 미치지 않는다.
가. 당사국의 법
나. 당사국에서 효력을 가지는 국제법

제42조
당사국은 이 협약의 원칙과 규정을 적절하고 적극적인 수단으로 성인과
아동 모두에게 널리 알릴 의무를 가진다.

제43조

1. 이 협약의 의무 이행에 관해 당사국이 달성한 진전 상황을 심사하기 위해 이하에 규정된 기능을 수행하는 아동권리위원회를 설립한다.

2. 위원회는 이 협약이 다루고 있는 분야에서 명망 높고 능력을 인정받는 10명의 전문가로 구성된다. 위원회의 위원은 균형 있는 지역적 배분과 주요 법체계를 고려해 당사국 국민 중에서 선출되며, 개인적 자격으로 임무를 수행한다.

3. 위원회의 위원은 당사국이 지명한 후보 중에서 비밀투표로 선출된다. 각 당사국은 자국민 중 1인을 위원후보로 지명할 수 있다.

4. 위원회의 최초 선거는 이 협약의 발효일로부터 6개월 이내에 실시되며, 그 이후는 매 2년마다 실시된다. 각 선거일의 최소 4개월 이전에 유엔사무총장은 2개월 내에 후보자를 지명해 제출하라는 서한을 당사국에 발송해야 한다. 그 후 사무총장은 후보를 지명한 당사국 표시와 함께 후보들의 명단을 알파벳순으로 작성해 협약당사국들에게 제시해야 한다.

5. 선거는 유엔본부에서 사무총장이 소집한 당사국 회의에서 실시된다. 이 회의는 당사국의 3분의 2를 의결정족수로 하고, 회의에 출석해 투표한 당사국 대표들의 최대 다수 표 및 절대 다수 표를 얻는 자가 위원으로 선출된다.

6. 위원회 위원의 임기는 4년이며 재지명된 경우에는 재선될 수 있다. 단, 최초 선거에서 선출된 위원 중 5인의 임기는 2년 후 종료된다. 이들 5인 위원의 명단은 최초 선거 직후 동 회의의 의장에 의해 추첨으로 선정된다.

7. 위원회 위원이 사망, 사퇴 또는 본인이 특정 이유로 인해 위원회의 임무를 더 이상 수행할 수 없다고 선언하는 경우, 그 위원을 지명한 당

사국은 위원회의 승인을 조건으로 자국민 중에서 잔여 임기를 수행할 다른 전문가를 임명한다.

8. 위원회는 자체의 절차규정을 제정한다.

9. 위원회는 2년 임기의 임원을 선출한다.

10. 위원회 회의는 통상적으로 유엔본부나 위원회가 결정하는 그 밖의 적절한 장소에서 매년 개최된다. 회의기간은 필요한 경우 총회의 승인을 조건으로 협약 당사국 회의에서 결정되고 검토된다.

11. 유엔사무총장은 이 협약에 의해 설립된 위원회가 효과적인 기능을 수행할 수 있도록 필요한 직원과 편의를 제공한다.

12. 이 협약에 의해 설립된 위원회 위원은 유엔총회의 승인을 얻고 총회가 결정하는 기간과 조건에 따라 유엔으로부터 보수를 받는다.

제44조

1. 당사국은 이 협약이 규정하는 권리 실행을 위해 채택한 조치와 동 권리의 보장과 관련해 이루어진 진전 상황 보고서를 유엔사무총장을 통하여 다음과 같이 위원회에 제출한다.

   가. 당사국에서 협약이 발효된 후 2년 이내

   나. 그 후 5년마다

2. 이 조에 따라 제출되는 보고서는 이 협약의 의무 이행 단계에 영향을 주는 요소와 어려움이 있을 경우 이를 명시해야 한다. 또한 보고서는 당사국의 협약 이행에 관한 포괄적 이해를 위원회에 제공하기 위해 충분한 정보를 포함해야 한다.

3. 위원회에 포괄적인 최초 보고서를 제출한 당사국은, 제1항 나호에 의해 제출하는 후속보고서에 이미 제출된 기초적 정보를 반복할 필요가 없다.

4. 위원회는 당사국에게 이 협약의 이행과 관련된 추가정보를 요청할 수 있다.

5. 위원회는 위원회의 활동에 관한 보고서를 2년마다 경제사회이사회를 통해 총회에 제출한다.

6. 당사국은 자국의 활동에 관한 보고서가 자국 내 시민사회에서 널리 활용될 수 있도록 해야 한다.

제45조

이 협약의 효과적인 이행을 촉진하고 협약이 다루는 분야에서 국제협력을 장려하기 위해

가. 전문기구, 유니세프(유엔아동기금)를 비롯한 유엔기구들은 이 협약 중 그들의 권한에 속하는 규정 이행과 관련된 논의에 대표를 파견할 권리를 가진다. 위원회는 전문기구, 유니세프 및 위원회가 적절하다고 판단하는 그 밖의 권한 있는 기구에 대해 각 기구의 권한에 속하는 분야에 있어 협약 이행에 관한 전문적인 자문 제공을 요청할 수 있다. 위원회는 전문기구, 유니세프 및 다른 유엔기구들에게 그들의 활동분야에 한해 협약 이행에 관한 보고서 제출을 요청할 수 있다.

나. 위원회는 적절하다고 판단되는 경우 당사국이 기술적 자문 지원 요청, 또는 그 필요성을 명시한 보고서에 대해 위원회가 그러한 요청이나 지적에 대한 의견이나 제안을 하는 경우 위원회의 해당 의견이나 제안과 함께 해당보고서를 전문기구, 유니세프 및 그 외의 권한 있는 기구에 전달해야 한다.

다. 위원회는 사무총장이 위원회를 대신해 아동권리와 관련된 특정문제에 대해 조사를 요청할 것을 총회에 권고할 수 있다.

라. 위원회는 이 협약 제44조 및 제45조에 의해 접수한 정보에 기초해 제

안과 일반적 권고를 할 수 있다. 이러한 제안과 일반적 권고는 당사국의 논평이 있으면 그 논평과 함께 모든 관계 당사국에 전달되고 총회에 보고되어야 한다.

제46조
이 협약은 모든 국가가 서명하도록 개방된다.

제47조
이 협약은 비준되어야 유효하며 비준서는 유엔사무총장에게 기탁된다.

제48조
이 협약은 모든 국가가 가입할 수 있도록 개방되며 가입서는 유엔사무총장에게 기탁된다.

제49조
1. 이 협약은 20번째 비준서나 가입서가 유엔사무총장에게 기탁되는 날부터 30일째 되는 날 발효한다.
2. 20번째 비준서 또는 가입서의 기탁 이후 이 협약을 비준하거나 가입하는 각 국가에 대해 해당국가의 비준서 또는 가입서 기탁 후 30일째 되는 날 발효한다.

제50조
1. 모든 당사국은 개정안을 제안하고 이를 유엔사무총장에게 제출할 수 있다. 사무총장은 제안된 개정안을 당사국들에게 통보하는 한편 이를 심의하고 표결하기 위한 당사국 회의 개최에 대한 찬성 여부

를 물어야 한다. 이러한 통보일로부터 4개월 이내에 당사국 중 최소 3분의 1이 회의 개최에 찬성하는 경우 사무총장은 유엔 후원으로 동 회의를 소집해야 한다. 개정안은 동 회의에 출석해 표결한 당사국 과 반수의 찬성에 의해 채택되며 승인절차를 위해 유엔총회에 제출된다.

2. 제1항에 따라서 채택된 개정안은 유엔총회에 의해 승인되고, 당사국 3분의 2 이상이 찬성할 때 효력이 발생한다.

3. 발효된 개정안은 이를 수락한 당사국에 대해 구속력을 가지며 다른 당사국은 계속해서 이 협약의 규정 및 당사국이 받아들인 그 이전의 모든 개정안에 대해서만 구속된다.

제51조

1. 유엔사무총장은 비준이나 가입 시 각 당사국이 유보한 조항의 문서를 접수하고 이를 모든 국가에 배포해야 한다.

2. 이 협약의 목표 및 목적과 부합되지 않는 유보는 허용되지 않는다.

3. 유보는 유엔사무총장에게 통지문을 제출함으로써 언제든지 철회될 수 있으며, 사무총장은 이를 모든 국가에게 통보해야 한다. 유보조항 철회 통지는 사무총장이 이를 접수한 날부터 유효하다.

제52조

당사국은 유엔사무총장에 대한 서면통지를 통해 이 협약을 폐기할 수 있다. 협약폐기는 사무총장이 통지문을 접수한 날부터 1년 후 발효된다.

제53조

유엔사무총장은 이 협약을 보관하는 수탁자로 지명된다.

제54조

아랍어·중국어·영어·불어·러시아어·스페인어 정본으로 동등하게 만들어진 이 협약의 원본은 유엔사무총장에게 기탁된다.

이상의 증거로 아래의 서명 전권대표들은 각국 정부로부터 정당하게 권한을 위임받아 이 협약에 서명했다.

참고 자료

Shiman, D. (1999). 사회적·경제적 정의: 인권의 관점에서. 한국교육연구소.

경기도 교육청(2009). 학생인권조례제정에 대한 10문 10답

경기도 교육청(2013). 2011~2013 학생인권상담 사례집.

국가인권위원회(2004). 교사를 위한 학교인권교육의 이해.

국가인권위원회(2006). 학교인권교육길라잡이.

국가인권위원회(2009). 인권으로 통하는 학교 만들기.

김민아 외(2010). 인권은 대학 가서 누리라구요?

문용린 외(2003). 유·초·중·고 인권교육과정 개발 연구. 서울대학교 교육연구소.

부산청소년노동인권네트워크, 전국교직원노동조합부산지부(2014). 부산지역 중고교 생활지도 재규정으로 본 학생인권 및 노동인권 침해조사 보고서.

이동성 외(2012). 문화다양성 교육 추진을 위한 기초연구. 한국문화예술교육진흥원.

전교조 서울지부(2012). 인권평화교육.

전국교직원노동조합(2012). 참여와 인권의 평화로운 학교 종합 계획.

참교육연구소(2012). 교원업무 정상화 모델 및 법제화 방안 개발 연구.

인권교육을 위한 교사모임. www.inkwonedu.x-y.net

나무위키. https://namu.wiki

에 ㅣ 필 ㅣ 로 ㅣ 그

인류의 역사는 인권신장을 위한 끊임없는 투쟁의 역사라고 봐도 과언이 아니다. 1세대 인권이 국가로부터 시민적, 정치적 자유권을 획득하기 위한 투쟁의 역사이고, 2세대 인권이 경제적, 사회적, 문화적 권리획득의 과정이라면, 3세대 인권은 '나'를 넘어 '우리'를 향하는 연대의 인권이라고 한다.

인권은 '앎'을 넘는 '실천'이며, '약자를 향한 모두의 책임'이어야 한다. 서로를 위하고 서로를 지키며 서로를 향할 때 또다시 우리의 삶은 진보할 것이다.

보편적 인권은 어디에서 시작되는 걸까요?
우리의 가정 가까이에 있는 작은 장소.
너무나 가깝고 작아서
세계 어느 지도에도 나와 있지 않은 곳에서 시작됩니다.
비록 그곳이 개개인의 세계일지라도 말입니다.
자신이 살고 있는 동네,
자신이 다니는 학교,
자신이 일하는 농장이나 사무실도 모두 개인의 세계입니다.

그곳에서 모든 남녀노소는 차별 없이
공평한 정의, 동등한 기회, 동등한 존엄성을 추구합니다.
가깝고 작은 곳에서 이러한 권리가 의미 없다면,
그 어느 곳에서도 의미가 없습니다.
보편적 인권이 가정 가까이에서 실현되도록
시민행동이 이루어지지 않는다면,
더 넓은 세계에서의 진보는 불가능할 것입니다.

_ 엘리노어 루스벨트(전 유엔 인권위원회 위원장)

아이를 빛나게 하는
학교인권

발행일 2015년 11월 10일 초판 발행, 2017년 12월 7일 4쇄 발행
저자 오동선 ┃ **발행인** 홍진기 ┃ **발행처** 아카데미프레스
주소 413-756 경기도 파주시 문발동 출판정보산업단지 507-9
전화 031-947-7389 ┃ **팩스** 031-947-7698 ┃ **이메일** info@academypress.co.kr
웹사이트 www.academypress.co.kr ┃ **출판등록** 2003. 6. 18 제406-2011-000131호

ISBN 978-89-97544-76-9 93370

값 13,000원

_ 저자와의 합의하에 인지첨부는 생략합니다.
_ 잘못된 책은 바꾸어 드립니다.